상식을 넘어선 현실계
자크 알랭 밀레와 라캉 오리엔테이션

상식을 넘어선 현실계: 자크 알랭 밀레와 라캉 오리엔테이션

제1판 1쇄 2022년 11월 10일

지은이 니콜라 플루리
옮긴이 임창석
펴낸이 연주희
편집 심재경
펴낸곳 에디투스
등록번호 제2015-000055호 (2015.06.23)
주소 경기도 성남시 분당구 황새울로351번길 10, 401호
전화 070-8777-4065
팩스 0303-3445-4065
이메일 editus@editus.co.kr
홈페이지 www.editus.co.kr

제작처 ㈜상지사피앤비

가격 16,000원

ISBN 979-11-91535-07-5 (03100)

상식을 넘어선 현실계

자크 알랭 밀레와 라캉 오리엔테이션

니콜라 플루리 지음

임창석 옮김

EDITUS

차례

• 일러두기

본문과 각주에서 [ ] 안의 말은 옮긴이가 덧붙인 것이다.

서문

이 사람을 어떻게 소개할까? 일찍이 알튀세르의 제자였고 바르트, 캉길렘, 데리다, 푸코의 수업을 듣기도 했으며 그 후 라캉의 저작과 열정적으로 만나 정신분석가가 된, 오늘날 매스컴을 통해 종종 화젯거리를 제공하는 특이한 색채를 지닌 이 인물을 도대체 어떻게 소개하면 좋을까? 라캉의 사위이자 라캉 세미나의 공저자라고 해야 할까? 프로이트 대의파École de la Cause freudienne의 지도자, 혹은 모택동주의자 운동가였던 사람이라고 할까? 아니면 단순히 최근 50년 동안 정신분석의 발전, 그 이론과 임상, 여러 단체의 발전에 공헌한 이 시대의 사상가라고 할까?

이 책이 자크 알랭 밀레라는 인물에 대한 의견을 갖추는 데 충분한 정보가 되기를 바란다. 적어도 필자는 그리 되기를 소망한다. 그렇다고 밀레의 사상 전반을 복원하거나 요약했다고 주장하려는 것은 결코 아니다. 다만 그의 사상에서 큰 줄거리를 끄집어내어 주요 테마를 정리하고 그 주장을 명확하게 보여 주려고 한다. 한마디로 말하면 밀레의 사상 궤적을 그려 내려는 시도이다. 그 궤적 안에서 라캉파가 방향 제시orientation하는 정신분석의 여러 개념에 대해 질문할 것이고, 나아가 철학과 정치를 사색할 것이다.

언어를 사랑하는 사람

자크 알랭 밀레는 언어를 사랑하는 사람이었다. 유년기부터 책을 게걸스럽게 읽었고, 언어의 힘, 말이 자아내는 울림, 그리고 책을 통해서 횡단할 수 있는 세계의 광활함을 발견하였다. 그는 문법이 본질적으로 엄밀하다는 것과 그 엄밀함에서 오는 논리성을 잘 이해하였다. 그의 언어 애호는 성장하면서도 변함없이 이어졌다. 언어는 말하는 동물(인 인간)에게 깊은 영향을 줄 수 있다는 수수께끼, 거기서 그의 모든 저작이 시작되었다. 다시 말해 언어가 신체에 작용하면서, 단순한 어떤 표현으로 인해 즐거움에 취하거나 감정이 격해질 수 있음을 파악한 것이다. 경우에 따라 언어는 히스테리성 마비나 환각을 유발하거나 사라지게 하기도 했다. 언어는 어떤 언어이건 간에, 또 소통을 위한 것이 아니더라도 무엇인가를 표현하는 일을 담당한다.

언어를 향한 이러한 사랑이 훗날 밀레를 저술가 un écrivain로 만들었다. 그 이면에는 유아기의 영향이 결정적으로 작용한 것으로 보인다. 여섯 살 때 밀레는 마비로 고생한 적이 있었다(어떤 의사도 밀레가 앓은 질환의 원인을 규명하지 못했다고 한다). 6개월간 마비 상태로 병상에 누워 있어야만 했다. 아이에 불과했지만 밀레는 이를 기회 삼아 밤낮으로 독서에 몰두했다고 한다. 이러한 일화만 보더라도 이미 어린 시절에 저술가 성향이 싹텄다고 볼 수 있으리라. 분명 그는 볼테르나 몰리에르, 디드로가 보여 준 프랑스어의 아름다움에 완전히 압도되었으며, 언젠가는 자신도 무언가 써 보리라 생각했다고 상상할 수가 있다. 그는 장시간 독서에 몰두하는 데서 오히려 부끄러움을 느낀 적도 있다고 말한다. 세상과 그 번잡함에서 멀리 떨어져 홀로 쾌감을 느꼈다고도 한다. 읽는다는 것은, 벌을 받을 수 없는 악덕[1]이었을 터이다.

밀레는 젊은 시절에 쓴 논문을 모은 『삶이라는 무대로 등장 *Un début dans la vie*』의 서문에서 자신을 드러내려고 의도적으로 삼인칭 단수를 써서, 자기 취향이 '감동적인 산문'에 있었다고 회고한다. 이 취향은 나중에 자크 라캉의 독특한 특징이었던 '작고 가는 말소리'를 탐닉하는 원천이 된다.

하지만 밀레는 철학을 선택했었다. 분명 그것은 그가 명확하게 설정한 추론 — 다른 사람을 언제나 당황하게 만드는 추론 — 을 선호했기 때문일 것이다. 즉 '모든 올바른 논의는 사람을 당황케 한다'[2]는 것이다. 밀레는 존 로크를 주제로 한 학위 논문을 제출하고 철학과 교수 자격 시험 agrégation에 합격하였다. 자크 라캉을 만난 때는 그 무렵이었다. 밀레가 철학에서 정신분석으로 방향을 선회한 이유는 정신분석 안에서 언어가 지닌 미지의 힘을 아주 강력하게 이론화하는 디스쿠르 discours를 보았기 때문이라고 한다. 즉 그는 정신분석 안에서 언어가 발휘하는 소외의 힘, 운명을 좌우하고 나아가서는 변하게 만드는 힘을 발견했다. 그뿐 아니라 즐거움이나 열광의 원천이 되는 해방하는 힘도 발견했다.

해명을 향한 열정

자크 알랭 밀레가 보인 또 한 가지 열정은 어떤 사안을 해명하는 일이었다. 해명이란 명확히 하는 것, 얽힌 것을 푸는 것, 풀어서 헤치는 것, 조명하는 것을 말한다. 즉 안개를 걷어 내고, 꺼져 가는 불길에 입김을 불어 넣어 관념을 스캔하고, 관념에 오캄의 면도날 Occam's Razor을 들이대 진실을 밝혀내는 것이다. 또한 3초를 1초로 체험하는

---

1 *Cours de l'orientation lacanienne*, leçon du 28 nov 2007, 미출간.

2 스탕달 Stendhal의 『적과 흑 *Le rouge et le noir*』(1830)에서 인용.—옮긴이

것이며, 논의하고 논지를 세워 명확히 하여, 낱낱이 드러내고 간파하여 뼈에 도달할 때까지 규명하는 것[3]이다. 이러한 것이 파리에서 방사선과 의사의 아들이었던 젊은 자크 밀레의 욕동과 야심의 일부를 형성하였다.[4] 자크 밀레는 열여섯 살 때 처음으로 이름을 밝힌 글을 쓰게 되었을 때, 자기 이름에 알랭Alain[5]을 추가하였다. 이후 그는 걸출한 교수, 교육자가 되었다. 그는 상대방의 눈길에 나타나는 번뜩임을 좋아했는데, 그것은 무언가를 이해했음을 나타내는 섬광과도 같다고 그는 밝혔다. 저작에서 볼 수 있듯 그는 수수께끼를 해명하고 전달하고 나아가 공유하는 일을 무엇보다 좋아했다.

밀레와 라캉은 어떻게 서로를 알아보았을까? 라캉이 밀레를 알아봤을까, 아니면 밀레가 라캉의 매력에 말 그대로 홀린 걸까? 확실한 점은 밀레가 인생 대부분을 라캉에 대해 알리는 일로 보냈으며, 아주 다른 일로 발전했을지도 모를 다른 길을 옆으로 제쳐 두었다는 것이다. 사실을 말하자면, 자크 라캉의 사상은 체계화되어 있지 않았다. 다시 말해서 그 스승은 애매모호해서 손으로 더듬어 알아보아야 하는 상태였으며, 한 가지 생각을 추구하는 일에 주저하지 않았고, 나아가 완전히 상반된 생각으로 가는 것조차 주저하지 않았다.

---

3 *Un début dans la vie*, Gallimard, Paris, 2002, préface.
4 같은 책.
5 자크 밀레는 이후 자신을 자크 알랭 밀레라고 지칭했다. 이렇게 이름을 추가한 것을 두고 그는 다음과 같이 밝힌다. 즉 '하나'[완전성]를 내포한 A l'Un은, 중심에 놓여 '일자一者'를 의미한다. 또한 Jacques-Alain[발음상 분절하면 자크Jac-칼랭ques-Alain이 된다]에는 어리광 부리는·게으른·성교를 의미하는 câlin[칼랭]과 같은 발음이 들어 있다. 밀레는 이렇게 스스로 덧붙여 완성한 자크 알랭이라는 이름이, 비교적 흔한 성姓인 밀레에서 자신을 구별해 훨씬 특별한 사람으로 인식하게끔 해 준다고 여긴 것이다. [일자의 개념은 이 책 뒷부분에 등장하는, '정관사가 붙은 정신분석가'가 되려는 환상을 갖게 된다고 그를 분석한 샤를 멜망Charles Melman의 말과 교차하면서 그의 '욕동'이나 '야망'을 읽을 수 있다고 본다.]

라캉은 그렇게 한 발 한 발 나아가면서 유효한 개념을 구성해 가고 있었다. 따라서 그러한 생각을 풀어서 밝히는 일解明élucider을 할 사람이 필요했다. 또한 자크 알랭 밀레가 자크 라캉에게 충실했던 것은 필연적으로 라캉이 그럴 만한 대상이었기 때문이리라. 이는 끝까지 일관된 것으로, 결코 부정할 수 없는 충성이었다. "내가 라캉을 만났을 때 그는 예순네 살이었고 나는 스물이었다. 그와 나는 일반 회사에서 동료 사이에 서로를 밀어내는 식의 적대적인 관계는 결코 아니었다. 두 사람은 중세 시대에서나 볼 수 있는 관계였다. 즉 남성 간의 관계, 성실과 충성이었다. 나는 그의 충실한 아군이었다."[6]

밀레는 그가 1973년 이후 '라캉적 오리엔테이션 강의Cours de l'Orientation lacanienne'라는 파리 8대학 정신분석학부 강의에서 자기 생각의 주요 부분을 밝혔다. "라캉적 **방향 제시**는 존재한다. 라캉적 도그마는 어떠한 것도 존재하지 않는다. **언어와 같이 구조화된 무의식**이라는 테제조차 존재하지 않고, 문학 연습장이나 성직 일과서, 개요概要, 교리 신학 등에 실릴 법한 테제도 존재하지 않는다. 존재하는 것은 프로이트라는 사건을 만들었던 텍스트와의 지속적인 **대화**뿐이다. 즉 경험을 구조화하는 시니피앙의 골격으로, 그 경험을 대결시키는 영구적인 유대교적 성전 해석Midrash이 있을 뿐이다"[7]라고 밀레는 선언적으로 말한다. 해명이란 복잡한 사고의 대양을 잘 헤쳐 나가기 위한 나침반을 만드는 일이며, 그 대양 안에서 자기 자리를 확인해 주는 개념을 창조하는 일이다. 라캉의 사상이 아주 난해하고 복잡하게 착종된 것임은 이미 잘 알려진 사실이다. 밀레는 수년에 걸쳐 그 사상을 (그의 친구 장 클로드 밀네Jean-Claude Milner의 표현에 따르면)

6　*Le Monde*, 13 fév 2004.
7　라캉적 오리엔테이션 강의에 대한 소개는 세계정신분석협회 사이트(http://www.wapol.org)에서 볼 수 있다.

'명철한 작품oeuvre claire'[8]으로 만드는 중이다. 라캉 사상에 포함된 터닝 포인트, 그 본질적인 주장, 이론적인 방향 전환과 이에 동반되어 표현되는 이론의 재편성, 그 구조의 고유한 변증법을 하나하나 재구성하고 있다.

당연하게도 이러한 밀레를 향해 그의 논리주의나 논리실증주의를 비판하거나, 그가 본질적으로 바로크적인 라캉의 사상을 공리화 내지 마템mathème[수학소라고 번역되지만 이는 라캉의 견해를 공리화하는 요소를 의미한다]화하는 것 아니냐는 비판을 쏟아 내는 사람도 있다. 라캉의 사상이 공리화함으로써 근본적인 것이나 라캉만의 풍부함 즉 언표 행위énonciation를 사라지게 했다고 밀레는 비판받았다. 또한 제자인 밀레가 라캉의 사상을 교리문답으로 만들어서 스승의 정신을 왜곡하고 있다는 비판도 받았다. 하지만 이러한 의견을 대할 때는 신중해야 하리라. 밀레의 사상도 라캉의 사상과 마찬가지로, 그의 교육 활동이 진전됨에 따라 변화하고 있음을 우리는 이해하게 될 것이기 때문이다.

밀레는 자신을 단순히 라캉의 중재자intercesseur라고 정의하지만 그의 역할은 이를 넘어서고 있다. 그는 확실히 라캉의 사상을 독해하고 정리하여 다른 사람에게 전달하는 대행자이지만, 그의 이론적 해명의 운동 안에서 정신분석에 새로운 것을 가져오고 있기 때문이다. 말하자면, "라캉의 문체는 말라르메적이고 응축되어 있다. 그의 문법은, 비유적으로 말하면, 한 처녀처럼, 나중에 가서야 이해되는 뭔가 불경스러운 것으로 취급되었다. 나는 라캉의 문체를 볼테르적인 문체로 번역하여 접근 가능한 것으로 만들었다. 이는 사람들의 눈에서 발하는 작은 빛을 보는 것으로, 그 일은 바로 나에게 희열[향락]jouissance이기 때문이다. 라캉은 헤라클레이토스적 의미에서 어

---

8   Jean-Claude Milner, *L'oeuvre claire*, Paris, Seuil, 1998.

둡고 난해한 존재였다. 나는 거기에 빛을 비추어 준 것이다."[9]

이렇듯 정신분석이 그에게 천직이었음을 알 수 있을 것이다. 실제로 정신분석에서는 타자와 함께 가는 것이 중요하다. 일반인들의 흔한 생각과 달리 정신분석은 서로[분석가와 분석 주체]를 더 잘 이해하기 위한 것이 아니다. 스스로를 유일한 힘으로 만들어 주는 파롤parole의 활력을 이용하여 [분석 주체에게] 변화를 주어, 주체적 위치를 변용하기 위한 것이다. 밀레는 뒤러의 동판화에 있는 아이올로스 즉 그리스 신화에 나오는 바람의 신을 학파의 문장emblème으로 선택하였다. 이는 분명 활력이며 나아가 회오리바람이다.

정치적 프래그머티즘

밀레는 아주 이른 시기부터 프롤레타리아 좌파와 접점이 있었다. 이는 60년대 초반 그가 공산주의 학생운동연합Union des étudiants communistes에 일시적으로 몸담은 후의 일이었다. 밀레는 알튀세르의 요청에 따라 공산주의 학생운동연합에 들어갔다. 알튀세르는 그렇게 요청하면서 라캉을 읽어 보라고 했다. 프랑스 좌파 운동 안에서도 문학적 색조가 아주 강한 집단에 참여하는 것은 그로서는 아주 자연스러운 일이었다. 모택동주의Maoïsme는 고등사범학교 학생들 몇 명이 창안한 것으로, 위대한 인간을 향한 숭상을 기반으로 성립하였다. 거기에서 문체와 선동이 생겨났고 이러한 것은 지금도 남아 있다.[10] 과거 투사였던 알랭 제스마르Alain Geismar를 보좌하기도 했던 밀레는 질문을 퍼붓거나 집단적이며 과장된 말투로 정평이 난 선동 선전을 할 줄 아는 감각이 있었다. 통솔력도 있었고, 그런 능력이 불

---

9   *Le Monde*, 13 fév 2004.
10   같은 책.

시에 요구될 때 확실하게 결단을 내릴 줄도 알았다. 그런 그였지만, 진정한 의미에서 마르크스주의자였던 적은 없었고 그때부터 이미 라캉주의자lacanienne였다고 할 수 있다.

최근 20년 동안 밀레는 정신분석의 제국이라는 명칭에 합당한 것을 쌓아 올렸다. 프랑스에서뿐 아니라 스페인이나 아르헨티나, 이탈리아, 영국, 브라질, 미국에서도 정신분석 연구 그룹이나 학파의 수를 조용히 그러나 끈기 있게 발전시켰다. 세계정신분석협회Association Mondiale de Psychanalyse(AMP)는 그가 창설한 조직이다. "나는 하나의 세계를 창조했다. 프로이트가 만든 국제 조직, 즉 프로이트파의 IPA Inetrnational Psychoanalytical Association와 내가 주도한 국제 조직, 즉 라캉파의 AMP가 존재한다."[11]

이처럼 그는 여러 국면과 대치하고 있다. 사상적 국면에만이 아니라 정신분석의 임상이나 실천이라는 국면에도 맞서지 않으면 안 되었다. 이러한 국면에서 광기를 포함한 막연한 수수께끼와도 대결하는 것을 피할 수가 없었다. 또한 제도적인 측면도 있었는데 거기에서는 언제나 정치적인 섬세함이 발휘되어야 하는 상황이었다. 게다가 그는 프로이트가 불가능하다고 말했던 세 가지 작업 — 교육, 통치, 치료 — 에도 발을 담그고 있었다. 현실계의 면면에 정열을 쏟는 자에게 불가능이란 없기에 욕망은 더욱 커질 뿐이었다.

이 책에서 필자의 의도는 21세기 초에 시작되어 지금도 실천되고 있는 라캉적 오리엔테이션에 의한 정신분석을 조명하면서 자크 알랭 밀레의 사상을 독해하여, 그것을 탐구하고 싶다는 생각을 독자에게 불러일으키는 것이다. 다만 입문서의 틀 안에서 자크 알랭 밀레의 조밀한 사상을 전부 다루기는 어렵다. 필연적으로 다루지 못할 사항이나 지나치게 추상적이라고 판단되는 논점은 피해 갈 수 있으

---

11   같은 책.

며, 어느 정도는 단순화할 수밖에 없을 것이다. 그러니 그에 대한 비
판은 당연하다. 예를 들어 필자는 라캉파의 대수학적 문자[마템]를
의도적으로 사용하지 않았다. 자크 알랭 밀레 역시 같은 방식을 취
했기 때문이다.

제1장 철학에서 정신분석으로

밀레는 1964년에서 1968년에 걸쳐 라캉의 저작을 철학적으로 독해한다. 이 독해는 다소 교의적이라고 평가받았다. 당시 그의 라캉독해는 모든 점에서 구조주의와 관련되어 있었다. 브루노 보스틸스 Bruno Bosteels는 이를 적확히 규정하기를, 구조주의적 인과성의 이론[12] 혹은 중층 결정의 논리라고 하였다. 이러한 논리의 기초 작업으로 밀레는 첫 텍스트「구조의 작용」[13]을 1964년에 집필하여 1968년『분석 노트』지에 발표했으며, 이어 집필한 일련의 논문에서 논리를 발전시킨다. 중심이 되는 텍스트는「봉합」[14],「모체母體」[15],「U, 혹은 메타 언어는 존재하지 않는다」[16]이다.

구조주의는 소쉬르의 언어학적 업적에 기원을 두고 있다. 소쉬르

---

12 Bruno Bosteels, *Alain Badiou, une trajectoire polémique*, Paris, La fabrique, 2009, p. 42.

13 "Action de la structure", *Les cahiers pour l'analyse* n° 9, 1968. Repris dans *Un début dans la vie*, Gallimard, Paris, 2002.

14 "La suture", *Les cahiers pour l'analyse* n° 1, 1966. Repris dans *Un début dans la vie*, op. cit.

15 "Matrice", *Ornicar?* n° 4, 1975. Repris dans *Un début dans la vie*, op. cit.

16 "U ou il n'y a pas de métalangage", *Ornicar?* n° 5, 1976. Repris dans *Un début dans la vie*, op. cit.

이론에서 중요한 점은, 언어langue를 그 각각의 요소가 다른 여러 요소와의 등가 관계나 대립 관계를 통해 비로소 정의되는 시스템으로 이해하는 것이다. 이러한 여러 관계의 집합이 '구조'를 형성한다. 이러한 구조 연구와 분석을 우선시하는 이론의 총체를 구조주의라고 부른다. 구조주의는 전체와 부분의 관계에서 전체의 우위, 요소와 관계 중에서 관계의 우위를 특히 강조한다. 일례로 언어학자 야콥슨 Roman Jakobson은 음성학적 견지에서 언어를 연구하려고 구조주의 방법을 이용하였다. 각각의 언어는 공통 구조에서 발생한 변형variation 의 하나이다. 알튀세르도 마르크스를 구조주의적 방식으로 읽는 일에 관심이 있었고, 역사적 현실을 구조주의의 결과로 보았다. 라캉의 경우, 프로이트적 무의식의 주체를 상징적 시스템, 구조, 즉 언어활동langage의 결과물로 간주하였다.

밀레는 이 같은 계보 안에서 주체의 개념이 어떤 논리를 통해 정해져 도출되는지를 보여 주었다. 그의 논리에서 주체는 중심이 아니고 오히려 부수적인 효과였다. 그는 알튀세르를 계승한 구조주의와 라캉의 주체 이론 사이에서 양립을 가능하게 하는 체제를 제시하였다. 라캉은 자신의 작업이 구조주의자로서 한 일이 결코 아니라고 했지만, 고등사범학교의 풋내기 철학자였던 밀레는 구조주의의 프리즘을 통해서 정신분석을 독해하는 이론의 기초를 제시하였다. 그가 제시하는 통일적 이론이란 구조주의적 인과성의 이론을 말한다. 간단한 예를 통해 그 이론을 설명해 보겠다.

열다섯 조각 퍼즐 맞추기 게임을 독자들도 알고 계시리라. 열여섯 칸으로 나뉜 틀 안에 번호가 적힌 작은 조각이 열다섯 개 놓여 있고 한 칸은 비어 있다. 그 칸을 하나씩 이동하며 조각을 여러 방향과 위치에 놓아 가면서 결국 순서대로 배열하는 것이 이 게임의 목표이다. 이 게임에서 무엇을 배울 수 있을까? 게임을 좌우하는 건 열다섯 말을 조작하는 일 자체가 아니다. 올바른 순서로 최종적으로 배열하

는 일도 아니다. 하나의 **결여**, 즉 '공백의 격자눈case vide'이 바로 결정
적 요인이다. 빈칸은 게임 중에 틀 안에서 자리를 바꿔 움직이며 순
환하기를 멈추지 않는다. 조작과 조작 간 관계의 다양성과 결합, 나
아가 배치의 다양성까지 모두가 '공백의 격자눈'과의 관계를 통해서
그때그때 결정되는 셈이다.

　이 예를 통해서 구조론적 인과성이라는 개념과 공백의 격자눈이
라는 생각의 중요성을 끌어낼 수 있다. 모든 상징적 질서는 일관성
을 띠면서 하나의 요소를 배척하지 않으면 안 된다[순서를 맞추기
위해서 현재 맞지 않은 칸을 밀어내는 것]. 이 요소는 구조 안에 있으
면서도 구조를 불완전하게 만든다. 구조는 그 자체로 결코 닫혀 있
지 않고 언제나 정원 외의 잉여를 내포하며, 이러한 잉여는 구조의
외부에 잔류하면서도 구조에 속한다. 따라서 구조론적 인과성은 구
조에서 원인의 '내적인 제외exclusion interne' 위에 서 있는 것이 된다.
'공백의 격자눈'이라는 비유는 이 점을 아주 잘 나타낸다.[17]

　쉽게 이해할 수 있듯이, 구조를 이루는 요소는 위치를 서로 치환할
수가 있다. 위치 변환의 가능성을 통해 다양한 요소가 서로 다른 기
능을 갖는다. 따라서 다양한 것을 설명할 때 그 다양함을 구성하는
여러 요소로 치환되도록 하는 매트릭스로 설명하는 일이 가능하다.
그렇게 함으로써 감각적인 것의 다양함을 알기 쉬운 운동의 형식을
통해 포착할 수가 있다. 다시 말한다면, 여기서는 다양한 현실이 제
시하는 여러 현상을 검토하기보다는, 오히려 각각의 현상 사이에서
유지되는 관계를 검토하는 것이 중요하다. 그렇게 하면 대상 자체의
성질을 묻는 것은 이차적인 것에 지나지 않게 된다. 이것이 구조라

17　Gilles Deleuze, "À quoi reconnaît-on le structuralisme?", dans François Châtelet(sous la dierction de), *Histoire de la philosophie*, VIII, Le XXᵉ siècle, Hachette, 1973. Repris dans Gilles Deleuze, *L'île déserte et autres textes*, Edition de Minuit, 2002.

는 개념에서 생겨나는 중요한 진보이다.

그러나 구조가 현실계에 나타나는 전부를 설명할 수는 없다는 점을 밀레는 간파하고 있었다. 그러한 간파는 그에게 하나의 섬광, 하나의 '매듭césure'이 된다. 그는 구조주의 역시 한계가 있음을 이해한 것이다. 구조주의의 학설이 모든 것을 설명할 수는 없다. 구조주의가 가능하게 해 주는 규칙이 부여된 변형에서는 무언가 잔여가 생기기 때문이다. 구조와 갑자기 생기는 우연적 사실 사이에는 언제나 구멍trou, 균열béance이 있다. 구조는 모든 현상을 설명할 수가 없고, 여러 개념은 현실계의 모든 것을 포착할 수 없다. 다시 말하면, 우연이라는 것은 개념에서 벗어난 곳에 있고, 이것이 우연성 개념의 일부가 된다.[18] 구조 안에서 이러한 '벌어짐fissure', 구조에 내재하는 균열이 '주체Sujet'에 다름 아님을 우리는 나중에 보게 될 것이다.

이처럼 구조는 규칙에 의거하는 변형을 수행할 수 있게 하는 것으로 개념화되었다. 이는 새로운 연결을 가능케 한다. 밀레는 그때까지 알려지지 않았던 마르크스와 프로이트를 연결하는 것에서 작업을 시작했다. 그는 "마르크스와 프로이트의 디스쿠르는, 규칙이 적용된 변형이라는 수단으로 연결되어 있으며, 통일된 이론적 디스쿠르 안에서 서로 호응하는 가능성이 있다고 우리는 주장하는 것"[19]이라고 말한다. 밀레가 고등사범학교 학생들(장 클로드 밀네, 알랭 바디우Alain Badiou, 프랑수아 르뇨François Regnault, 자크 부브레스Jacques Bouveresse, 이브 뒤루Yves Duroux 등)과 함께 60년대에 구축하려고 했던 것은 분명 이러한 통일적 디스쿠르였다. 고등사범학교의 인식론 모임이 1966년에서 69년 사이에 출판한 『분석 노트』는 이러한 작업을

---

18   *Cours d'orientation lacanienne* 2008-2009, "Choses de finesse en psychanalyse", leçon du 12 nov 2008, 미출간.

19   "Action de la structure", *Un début dans la vie*, op. cit. p. 79.

위한 중심점이었다.

밀레가 라캉과 알튀세르로부터 구조론적 인과성의 교리를 형식화할 수 있었던 것은 이들 사이에서 암묵적이었던 주요한 참조점을 이용할 수 있었기 때문이다. 결국 젊은 밀레는 고등사범학교에 들어가 자신의 스승이 된 사람들을 만나기 이전에 사르트르의 사상을 만났으며, 사르트르를 참조함으로써 구조론적 인과성의 교리를 형식화할 수가 있었다.

사르트르 독해자 밀레

밀레는 구조론적 인과성 이론이라는 무기를 획득하자 그 이론 안에서 주체라는 개념을 어떻게 정의할지 생각하지 않을 수 없었다. 구조주의자의 견해와 협력하면서 기능할 수 있는 주체 ─ 즉 실체가 없는 주체 ─ 를 어떻게 생각해야 할까? 이 질문에 대한 답을 그는 사르트르에게서 발견하였다.

'자신이 카페의 보이라고 확신하는 카페 보이'라는 유명한 예가 있다. 이 보이는 민첩하게 과장된 몸짓을 하면서[20] 카페 보이 역할을 실제로 완벽하게 수행한다. 그러나 그의 행위는 전부 연기에 지나지 않는다. 그는 카페 보이를 연기하고 있는 것이다.[21] 그 행위를 과잉되게 하고 있으며, 과잉되게 연기를 하고 있다. 그 기능[서빙]에 충실한 것에 완전히 하나가 되었다고 확신하듯이 노력하고 있는 것이다. 그러나 그는 본질적으로는 사르트르가 말하듯 '즉자en soi'로서 카페의 점원일 수는 없다. 자신의 동일성을 잃은 것이다. 요컨대 그는 즉자가 될 수 없고 단지 '대자pour soi'일 뿐이다. 이것이 **동일성이**

---

20   Jean-Paul Sartre, *L'Être et le Néant*, Paris, Gallimard Tel, 1976, pp. 95-96.
21   같은 책.

결핍[22]된 주체의 상상적 동일화의 한 예이다. 『존재와 무』의 저자 사르트르는 의식적 존재[대자]와 즉자를 대립시킨다. 『존재와 무』에서 밀레는 여러 부분에 주목하였는데, 그중 "의식적 존재는 최초의 동일성에서 자기 자신과 일치할 수가 없다"[23]는 말이 있다. 자기와 자기 사이에 동일성은 없다는, 자신과의 일치란 존재하지 않는다는 뜻이다. 그런 이유로 여기에는 주체를 때리려고 하는 몽둥이 같은 것이 존재하는데, 그 몽둥이는 동시에 단순한 동일성의 원리에서 주체를 떼어 놓는다.[24] 그리하여 주체는 동일화를 연기함으로써만 주체가 된다.

밀레는 라캉이 정신병에 관한 세미나[세미나 3권]에서 '현실계le réel'를 정의할 때, 사르트르가 사용했던 '즉자'라는 용어를 쓰고 있음에 주목한다. 그래서 밀레는 이번에는 사르트르의 다른 공식에서, 라캉의 주체 개념과 가까운 주체에 대한 구상의 의미를 발견한다. 예를 들어 "스스로의 동일성에서 벗어나는 것", "주체는 자신과 분리되어 있다", "주체를 자신에게서 분리하는 것, 그것은 아무것도 아닌 것이다"[25]라는 구절이 그것이다. 나아가 "만약 욕망이 자기 자신에 대한 욕망일 수 있어야 한다면, 욕망은 초월 그 자체가 되어야만 한다"[26]라는 유명한 구절도 여기에 추가할 수 있다. 이는 결여, 존재의 결여를 의미한다. 이러한 관점에서 말한다면, 욕망은 결코 충족되지 않으며, 우리는 언제나 자신이 가지고 있지 않은 것을 욕망한다고 할 수 있다. 우리는 자신과는 다른 것을 욕망하고 아직 나타나지 않은 생성에 늘 사로잡혀 있는 셈이다. 이처럼 우리가 분명히

---

22 같은 책.
23 같은 책.
24 같은 책.
25 같은 책, p. 125, pp. 624-628.
26 같은 책, pp. 130-131.

타자가 아니라는 점이야말로, 우리가 타자에 사로잡혀 있음을 보여 준다.

사르트르는 끊임없는 빗나감이나 존재의 결여[나의 본래적인 특성이 규정되어 있지 않은 무無라는 상태], 존재의 결함에 대해 분명히 밝히고 있다. 여기서 결여로서 욕망의 주체라는 라캉적 구상의 원천을 읽을 수가 있다. 사르트르는 인간적 실재가 세계에 결여를 가져오므로 그 자체로 결여일 수밖에 없다고 말하는데, 또한 그렇기 때문에 인간적 사실로서 욕망의 존재가 그 충분한 증거가 된다고 말한다. 욕망은 하나의 심적 상태가 아니다. 욕망은 자신으로 향하는 도피이다. 욕망은 존재의 결여이다.[27] 따라서 밀레에 따르면, 실존주의 철학은 주체에 대해 아주 극단적인 위치를 지정하며, 완전히 탈실체화된 위치 지정[28]을 통찰하고 있다.

그러니까 밀레는 이미 젊은 철학자 시절에 『존재와 무』에서 라캉적 주체의 이론적 전제들을 발견한 것이다. 그는 사르트르에 대한 라캉적 독해가 존재함을 끌어냈다. 밀레에 따르면 라캉은 사르트르에서 발견한 결여라는 중심 관념에 의지해 무의식의 주체를 구성했다. 실제로 무의식의 주체는 '존재결여manque-à-être'로서 개념화되었다. 여기서 문제시되는 주체란 당연히 프로이트가 말하는 무의식의 주체이며, '그것이 있었던 곳에 있어야만 하는' 주체이다.

---

27 "La topologie dans l'ensemble de l'enseignement de Lacan", *Quarto* n° 2, 1981, p. 9.
28 같은 글.

루이 알튀세르에서 자크 라캉으로

젊은 자크 알랭 밀레에게 라캉의 저작을 읽도록 권한 사람은 당시 고등사범학교 교부부장이었던 루이 알튀세르였다. 밀레는 『프랑스 정신분석 잡지Revue française de psychanalyse』 여러 권을 입수하고, 당시 찾아볼 수 있었던 라캉의 논문을 전부 읽었다. 이는 분명 진정한 만남이자 하나의 '매듭'이었다. 즉 이 독해를 경계로 밀레는 확연히 달라졌다. 그는 바로 자신이 라캉주의자가 되었음을 시인한다. 밀레는 라캉의 세미나에서 정기적으로 발표를 했고, 라캉도 이 젊은이의 가능성을 재빨리 포착하였다. 라캉은 밀레에게 논리철학자 고틀로프 프레게Gottlob Frege를 읽도록 권유한다. 프레게는 그 당시에 그다지 빈번하게 참조되지는 않았다. 밀레는 사르트르 독해나 프레게를 활용하면서 라캉의 사상을 재구성하여 라캉에게 보여 주었다. 이는 라캉의 사상에 체계적인 논술을 구성하는[29] 것이었다. 밀레는 『산술의 기초』[30]를 근거 삼아 프레게의 제로 이론과 라캉의 시니피앙 이론을 대조하였다. 주체는 제로 즉 결여의 대리代理tenant lieu로 생각할 수 있었기 때문이다. 그리하여 밀레는 라캉이 프레게처럼 주체의 모든 정의에서 의식을 제거해야 한다고 보았다.

이러한 모든 사항은 라캉에게 다른 차원을 부여했고, 사람들이 라캉을 이해하는 데 통로ouverture가 되었다. 알튀세르의 사고에서 착상을 얻은, 라캉의 작업에 관한 구조주의적인 구상은 1964년에 시작되어 라캉의 가르침에 시혜적인 효과를 가져다주었다. 바로크적이며 다양한 의미에서 불가해하고 대체로 애매하게 보였던 라캉의 작업이, 그 근저에서 논리가 통하는 엄밀한 것이 됨으로써 한층 더 많은

---

29   *Un début dans la vie*, Gallimard, Paris, 2002, p. 59.

30   Gottlob Frege, *Les Fondements de l'arithmétique*, Paris, Le Seuil, 1970.

청중이 이해하게 되었다.

밀레는 스승인 라캉의 저작에 참여한 공저자이기도 했다.『에크리*Écrits*』의 색인을 만드는 일을 라캉에게서 위임받은 그는, 1966년 이후 라캉 곁에서 아주 독특한 위치를 점한다. 그 뒤에 밀레는 다음과 같이 말한다. "나는 라캉을 이해한 사람이라는 명성을 — 이렇게 말할 수밖에 없다 — 단번에 얻었다."[31] 그리고 자신의 작업을 평하며, 처음부터 자기 자신을 없는 것으로 치부했다고 말한다. 즉 자신의 특수성을 버려서 저자인 라캉의 작업을 확장하기만을 바랐다는 것이다. 결국, "분명히 나는, 내게 특별한 것을 라캉에게서 받아들이기 위해서, 나의 특수성을 아주 말살하였다."[32]

자기 자신을 고려하지 않았다는 것. 수년에 걸쳐 밀레는 라캉의 사상에 삶을 바치면서 세미나의 필기록을 매번 작성하였다. "세미나 기록 한 권은 내가 일단 편집을 해야 일반적인 이해에 이른다는 것을 나는 안다. 이 점은 인정해 주어야 한다. 그것은 편집 작업이면서도 무엇보다 논리적인 작업으로, 이 작업이 이루어지지 않는 한, 부분적인 이해를 차치한다면 세미나를 파악하기는 불가능할 것이다."[33]

진리의 이론

밀레는 그러한 논리주의 내지 이론주의로 비판을 받기도 했다. 실제로 그 당시의 밀레는 라캉에 대해 이론적인 해명을 하고 있었고, 그 해명은 일의적으로만 받아들여져 라캉의 사상을 곡해하는 부자

---

31 *Libération*, 14-15 déc 1985.
32 같은 책.
33 같은 책.

연스러운 틀로 간주되었다. 하지만 한편으로 밀레는 일종의 논리실증주의를 몇 번이고 탈구축하기도 했다. 실제로 그는 논리실증주의에서 환상 또는 막다른 골목이 있음을 강조하였다.

밀레가 말하는 진리의 이론에는 두 가지 범주가 있다. 첫 번째 것은 **진리의 거울상적 이론**théorie spéculaire de la vérité[34]이다. 이 이론은 스콜라 철학의 격언인 **사물과 지성의 일치**adaequatio rei et intellectus 즉 오성悟性이 사물과 일치하는 것으로부터 규정된다. 결국 진리는 관념과, 관념이 표상하는 것 사이의 대응 관계를 통해 결정된다고 생각하는 것이다. 이 대응 관계는 **일대일 대응**이다. 그리하여 진리란 하나의 관념이나 지각에 유일하고 독자적인 사물만이 대응하는 것이며, 반대로 하나의 사물은 유일한 표상에만 대응한다. 진리에 관한 이러한 사고방식은 언어와 세계 사이에 하나의 대응 관계가 있음을 시사한다. 그렇게 된다면 세계 안에 존재하는 것만을 말할 수 있게 되는 것이다. 예를 들어 하나의 문장은 존재하는 어떤 것에 대응할 수밖에 없다. 만약 그 문장이 세계 안에서 지시 대상을 갖지 못한다면, 그 문장은 공허한 것이 된다. 이러한 이유로 그 문장은 한쪽으로 내쳐지고 만다[무의미한 말이 된다]. '날개가 달린 말馬'은 적어도 생물학을 통한 유전자 조작으로 만들어지지 않는 한, 공허한 언표이다. 따라서 진리에 관한 이러한 생각에는 하나의 명령이 포함되어 있다. 언어와 사물의 일치에 머물러야 한다는 명령이다. 논리실증주의자는 철학적 언어가 진리의 '거울상적'인 성질에 한정하도록 철학적 언어에 강제하는 일에 전념한다. 여기서 '거울상적'이라고 명명한 것은 언어가 거울처럼 사물을 반사하기 때문이다. 예를 들어『논리철학논고』[35]의 저자로서 비트겐슈타인은 명제를 통해 '세계상'에 대해 말

---

34 "Le vrai, le faux et le reste", *Revue de la Cause freudienne* n° 28, 1994, pp. 8-9.
35 Ludwig Wittgenstein, *Tractatus logico-philosophicus*, Paris, Gallimard,

한다. 그가 보기에 언어와 사고의 일치는 상상 가능한 것으로, 각 문장은 하나의 관념에 대응한다.

진리에 관한 두 번째 이론은 **진리의 조음 이론**théorie articulatoire de la vérité 혹은 **진리의 시스템 이론**théorie systématique de la vérité[36]이다. 이 이론에서는 상징적 질서 안에서 진리의 자율이 주장되고, 디스쿠르에 내적이며 또한 무와 관계를 갖는 진리의 변신이 연구된다.[37] 디스쿠르에서 내적인 분절화를 통해서 진리가 위치 지어지고, 진리가 탄생하기 위해서 세계와의 일치가 더 이상 필요하지 않다. 예를 들어 식물의 잎이 녹색이라고 말하는 경우에, 거울상 형태의 진리가 발생한다. 잎은 분명 녹색으로 보인다. 하지만 그 잎은 며칠 지나면 빨간색이 될 수도 있다. 문장은 그것이 적힐 당시에는 옳을 수 있지만 얼마후에는 거짓이 될 수 있는 것이다. 이는 헤겔이 『정신현상학』[38]에서 개념화한 유명한 '모순contradiction'이다. 이처럼 쓴다는 행위는 진리의 거울상 이론을 흔들 수 있다. 쓰기écriture는 그 자체에서 진리에 대한 자기 언급을 도입한다. 진리는 외적 사실의 관찰에 종속되는 것이 아니라, 진리 그 자체를 향한 자기 언급 안에 위치하는 것이다.[39] 이러한 자기 언급 혹은 자율로 인하여 [진리의 조음 이론에서] 진리는 더 이상 세계의 어떤 사실이나 세계 내 어떤 현상에도 종속되지 않는다.

밀레는 진리에 대한 이러한 두 가지 사고방식을 구별하면서 라캉의 사상을 이해하도록 이끈다. 실제로 라캉은 시니피앙이 주체를 대리 표상한다고 말함으로써, 진리의 자율 이론(조음 이론)을 거울상

2001.

36 같은 책.

37 같은 책.

38 Hegel, *Phénoménologie de l'Esprit*, Paris, Gallimard, 1993.

39 "Le vrai, le faux et le reste", *Revue de la Cause freudienne* n° 28, 1994, p. 9.

이론의 용어로 번역한다. 그는 거울상 이론을 파괴하고 자율 이론으로 인도하기 위해서 거울상 이론의 용어를 사용한다. 즉 시니피앙은 다른 시니피앙과 연결됨으로써 주체를 — 공허한 지시 대상으로서 주체를 — 대리 표상한다는 것이다.[40] 어떤 시니피앙 — 여기서는 어떤 '말mot'이라고 해 보자 — 은 외부에 있는 어떤 것을 반영함으로써만 의미를 갖는다(이는 거울상 이론이 주장하는 형태이다). 하지만 진리의 자율 이론을 통해서 도입되는 것은, 진리를 낳기 위해 외부의 지시 대상이 필요하지 않다는 사고방식이다. 후자의 이론에서 문제는 두 개의 시니피앙 사이의 분절이다. 그래서 주체는 더 이상 주인으로서 시니피앙을 조작하는 것이 아니라, 시니피앙으로 대리 표상하게 된다.

라캉이 시니피앙을 '다른 시니피앙을 위하여 주체un sujet pour un autre signifiant를' 대리 표상한다고 정의할 때, 그 정의는 공리axiome로 이해되어야만 한다. 이 공식은 분석경험 속에서 생긴다는 점을 이해시키기 위해서 만들어졌기 때문이다. 이 공식에서 주체는 존재를 갖지 못하고 어떠한 실체도 갖지 않음을 의미한다. 주체는 두 시니피앙 사이에서 박동운동battement을 한 결과이자 효과이다. 이처럼 시니피앙이 다른 시니피앙에 대하여 주체를 '대리 표상하고 있는 것'이다. 이 주체는 고전적 주체나 심리학적 주체와는 완전히 다른 것이다. 결국 이것은 '연결어embrayeur'이다. 이는 언표 행위의 시간에 간헐적으로 표상되며, 두드러지게 박동搏動적이다. 그리하여 주체는 시니피앙을 통해서 분절되고 사선이 그어지는데, 이는 그때 무엇인가를 상실하기 때문이다. 시니피앙으로 대리 표상되지 않은 주체의 무엇인가를 상실한다는 것이다[정신분석에서는 언어로 사물이 표시될 때, 언어가 사물을 전부 표현하지 못하고 언어화하지 못하는 부분을

---

40 같은 책.

상실, 결여라고 표현한다].

정신분석에서 진리는 상징과 사실 사이에서 상응하는 관계가 아니다. 진리는 단지 분절화의 '효과'라는 점이 핵심이다[언어화하면서 표시되지 못한 부분이 생기는바, 이를 아는 것이 진리인 셈이다]. 정신분석은 환자의 디스쿠르에만 관계하고, 거울상 이론의 의미에서 말하는 진리와는 관계하지 않는다. 환자의 말이 실제로 일어난 사실을 재현하는지 아닌지는 중요하지 않다. 초기 프로이트는 분석을 하면서 환자가 말하는 외상을 실제로 일어난 일이라고 생각했다고 알려져 있다. 하지만 나중에 그러한 것이 모두 환상이었음을 알게 되었다. 그래서 정신분석가에게 진리는 시니피앙의 분절화가 문제시된다[그가 사용하며 표현하는 말이 문제가 된다]. 진리는 환자의 디스쿠르에 있는 고유한 지시 대상이며, 치료의 진행에 맞추어 세계의 사실[경험적 사실]과는 독립적으로 변화해 나간다.

그러므로 밀레가 진리에 관하여 논리실증주의에 종속되는 입장을 취했었다고 말할 수는 없는 것이다. 논리실증주의가 완강하게 거부하는 관념이 있다고 한다면, 그것은 분명 진리의 효과라는 관념이다. 진리의 효과라는 관념이 있다면 가령 환상 속에서 진리를 찾을 수 있을 텐데, 이런 일은 실증주의자에게는 있을 수 없는 일이기 때문이다. 정신분석이 실증주의와 확실하게 대립되는 점은 무엇일까? 정신분석은 언어의 질서 안에서만 작업을 수행하며, 그 언어의 질서를 자율적인 것으로 포착하고, 그것이 지시하는 대상을 고려하지 않는다는 점이다. 정신분석에서는 언표가 사실과 일치할 필요가 전혀 없다. 정신분석에서 경험이라는 개념이 포함되더라도, 그것은 치유를 통해서 언어 자체의 내부에서 생산되는 진리의 효과에 관련된 것으로서 경험을 말하며, 결코 실제 현실에서 일어난 경험을 말하지 않는다.

밀레는 무의식의 주체를 설명할 수 있는 주체 이론을 구축하기 위한 소재를 라캉의 글에서 발견할 수 있었다. 그래서 그는 분석경험 안에서 생기는 진리의 효과를 개념화할 수 있는 구조론적 틀을 확립한다. 분석경험 안에서는 결과가 원인에 비례하는 고전적인 인과성이 결코 문제가 되지 않는다. 아주 사소한 원인에서 엉뚱한 결과가 나오는 일이 자주 발생한다. 분석에서 인과성은 비선형적이며[시간적 순서를 따르지 않으며], 이는 구조적인 것이다. 이러한 인과성에서 세계와 우리의 관계를 재배열하려는 이동이 일어난다. 거의 지각할 수 없을 법한 것에서 촉발된 진리의 효과로 인해 실제로 사람의 인생이 대혼란에 빠지는 경우도 있다. 이러한 결과는 이를 초래하는 인과의 연쇄를 더듬어 가는 것이 불가능하더라도 분명히 나타난다. 최초의 원인은 별것 아닌 사소한 것으로, 때로는 분석가가 흘린 말한마디가 원인이 된다.

주체 이론

'$'라고 표기하는 유명한 라캉적 '주체'에서 시작해 보자. 밀레는 젊은 시절 논문에서 사선이 그어진 주체, 분할된 주체, 분열된 주체로 정의되는 이 무의식의 주체가 버트런드 러셀Bertrand Russell의 작업에서 기인한다는 점을 밝혔다. 러셀은 20세기 초에 계형 이론theory of types(집합론)의 패러독스를 발견한 인물이다. 계형 이론은 수학의 논리적 기초에 관한 연구에서 관건이 되는 역할을 하고 있기에 이러한 패러독스는 곤란한 것이었다. 이 패러독스는 '자기 자신을 포함하지 않은 집합'에 관한 패러독스이다. 언뜻 보면 여기[자기 자신을 포함하지 않은 집합]에는 아무 문제도 없어 보인다. 예를 들어 모든 인간을 포함하는 집합에는 그 집합 자체는 포함되지 않는다. 즉 그 집합에는 이탈리아인, 독일인, 중국인, 남성, 여성 등만이 포함되며, 이때 우리는 모든 인간의 집합인 특별한 인간은 알지 못한다. 하지만 자기 자신을 포함한 집합을 생각할 수는 있다. 가령 어떤 도서관에서 이용 가능한 모든 책의 제목을 모아 놓은 도서 목록이라는 책이 있다고 해 보자. 그러면 도서 목록 자체도 그 도서관에 있는 책의 집합에 포함된다. 그럼 여기서 처음의 집합(자기 자신을 포함하지 않은 집합)을 모두 모아 놓았다고 해 보자. '자신을 포함하지 않은 모든 집합의 집합'이 자신을 포함하는지 어떤지를 생각해 보자. 어떤 대답을 해도 함정에 빠져 버리는 걸 바로 알 수 있을 것이다. 만약 이 집합이 자신을 포함한다고 말하면(이 집합에 속하기 위한 조건은 자신을 포함하지 않는 것이기에), 그 집합이 자신을 포함하지 않는다는 점을 인정할 수밖에 없다. 또 만약에 그 집합이 자신을 포함하지 않는다고 말하면, 그 집합은 자기 자신을 포함한다고 결론 내릴 수밖에 없다(왜냐하면, 이 집합은 그러한 집합의 하나이기 위한 조건 ─ 자기 자신을 포함하지 않는다는, 어떻게 생각해도 기묘한 조건 ─ 을 충족하기 때문이다).

어떻게 해서 우리는 이러한 기묘한 논리학적 머리 굴림에 빠지는 것일까? 이는 무의식의 주체, $, 사선이 그어진 주체sujet barré가 '자기 자신을 포함하지 않은 모든 집합의 집합'과 똑같이 본질적으로 기묘하며 역설적이라는 점을 밀레와 함께 이해하기 위한 것이다. 러셀의 패러독스를 약간 바꾸어 말하면, 주체, 즉 프로이트적인 무의식의 주체는 자기 자신을 포함하지 않는 언표들énoncés의 카탈로그 같은 것이라고 할 수 있다. 예를 들어, 꿈의 카탈로그에서는 꿈을 꾸는 사람을 어딘가 '하나의' 장소에 할당할 수가 없다. 꿈의 카탈로그 안에서 주체는 '모든' 장소를 점유하고 있다. 그러한 결과로 주체는 꿈 안의 모든 장소에서 과잉이다. 다시 말하면, 주체는 자신의 이야기[꿈의 재현] 안에서 스스로가 점유하는 장소의 집합으로는 환원될 수가 없다. 즉 주체의 언표 행위가 스스로의 언표에 대하여 과잉이다. 주체는 자신을 포함하지 않는다. 예를 들어 프로이트의 유명한 이르마Irma의 주사[41] 꿈을 살펴보자. 그 꿈에서 프로이트는 꿈의 주체인 동시에, 꿈속에 나타난 지인인 플리스Fliess나 이르마와 동일시하여 [등장]인물 모두가 프로이트이다. 그런데 그는 동시에 언표 행위의 주체, 즉 자신의 꿈을 이야기하는 주체이다[꿈속 이야기의 주인공이면서, 그 이야기를 하는 행위의 주체이기도 하다. 즉 포함되기도 하고 (꿈속의 주인공으로) 포함되지 않기도(꿈을 말함으로써, 즉 언표 행위의 주체가 되어) 한다]. 그리하여 꿈의 이야기 안에서 굴절된 형태로 제시되는 주체는 자신이 꿈꾼 것을 이야기하는 주체와 같지 않다.

공집합이나 '존재결여'로서 $라는 표기에 포함된 것이 바로 이러한 패러독스이다. 여기에서 우리는 구조론적인 인과성[42]을 다시 발견할 수가 있다. 주체는 구조에 내포되어 있으면서 동시에 구조에서 제외된 요소이며, 시니피앙의 희롱을 가능하게 하는 '공백의 격자눈'이다. 주체는 시니피앙이 상호 연결되며 각각 치환되어 복잡한 조합의 관계로 움직이면서 흔들리게 된다. 주체는 구조 내부에 흐트러짐을 가져온다. 이처럼 주체는 '내적인 제외' 상태에 있으며 내부도 외부도 없는 것이다.

그리하여 우리는 주체를 대리 표상하는 시니피앙이 주체를 놓치며 동시에 주체를 그 자체로서 포함하지 않는다고 밀레와 함께 결론내릴 수 있다. 라캉적 주체는 '존재결여'인 것이다. 이것이야말로 프로이트가 무의식 안에서 조명한 저 유명한 욕망의 주체이다. 주체는

---

41 프로이트가 분석한 자기 꿈으로, 가장 완벽하게 해석했다고 알려져 있다.—옮긴이

42 알튀세르가 주장한 것으로, 요소들에 대한 구조의 효율성을 말하며 구조에 의해 요소들의 위치가 규정된다. 이에 따르면 구조에서는 원인과 결과라는 인과성이 아닌, 서로 대체되는 요소들의 환유적인 인과성의 지배를 받는다. 원인이 결과의 내부에 존재하여, 부재하는 원인이라고 할 수 있다.—옮긴이

우리가 언어 안에서 침잠하는 것[언어화하는 것, 즉 시니피앙화하는 것으로, 라캉은 나중에 이를 S₁으로 표기한다]의 결과로서 이해되어야 한다. 우리는 주체를 생물학적인 개인이나 이해하는 주체와 구별하지 않으면 안 된다. 주체는 인식connaissance의 차원에 있는 것이 아니다. 주체는 언어의 효과이지만, 언어는 거울과 같은 방식으로 주체를 반사하지 않으며, 그리하여 주체를 포함할 수가 없다. 이와 같은 고찰에 의해 주체는 **외재**ek-siste한다(자신의 외부에 위치한다). 주체는 언어의 외부에 있으며, 분할되어 **소외**를 겪는다. 실제로 언어는 서로가 결합되어 있거나 혹은 교환 가능한 하나의 짝이라는 시니피앙으로서 기능하면서 의미 작용signification의 효과를 낳는다. 부연하자면, 이는 유명한 라캉의 주체 정의에 새로운 빛을 비추어 준다. 수평 이동glissement 또는 압축condensation이건, 환유métonymie 또는 은유métaphore이건 간에, 하나의 시니피앙이 다른 시니피앙과 조합할 때는 의미 작용이 이루어진다. 주체는 시니피앙의 네트워크 안에서 치환이나 수평 이동을 가능하게 하는 공백의 격자눈에 다름 아니다. 정리하면, 라캉은 주체를 '하나의 시니피앙이 다른 시니피앙을 대리 표상하는 것'이라고 정의한다. 따라서 주체는 존재하는 것도 아니고 실체를 갖는 것도 아니며, 연결어로 기능하는 것에 지나지 않는다. 주체는 대수학에서 말하는 제로의 위치를 점하고 있다고 할 수 있다. 이는 단지 '결여의 장소를 점유하는 것으로서의 위치tenant lieu d'un manque'이며, 우리는 이 위치에 '공백의 격자눈'이라는 비유를 사용할 수 있다[주체는 퍼즐의 빈자리와 같다고 앞서 설명한 바 있다. 그러한 빈자리가 갖는 성격이 주체의 성격이라는 말이다].

이렇게 밀레는 구조라는 관념에서 구축된 주체의 논리를 제시한다. 언어의 구조가 아닌 구조는 존재하지 않으며, 이는 설령 비언어적non verbal인 언어라고 할지라도 마찬가지이다. 무의식의 구조가 존재하는 것은 무의식이 말하고 무의식이 언어인 한에서이다. 만물이 그 자체로 구조를 가지고 있다는 것은 무언의 디스쿠르를 통해서 말을 하는 경우에도, 즉 기호로서의 언어를 갖는 경우에도 그렇다는 의미일 것이다[말을 하지 않아도 기호로서 언어 역할을 한다면 구조를 갖는다는 의미]. 그리하여 밀레가 의지하는 구조는 언어학적 특징을 띤다. 이 구조는 구조를 구성하는 요소의 변화를 가능하게 하는 공백, 즉 구조를 가동하는 것으로 만들어 주는 진정한 공백의 격자눈을 통해서 작동한다. 밀레는 라캉을 따라서 주체의 개념을 형식화할 것을 제안한다(비非심리학적인 것을 포함해서). 구조에서 주체는 심리학적 주체가 보여 주는 속성을 전혀 갖지 않는다. 이 주체는 심리학적인 주체의 정의에서 벗어나는 것이다.[43]

이른바 자기 자신을 결여한 주체, 언어의 효과로서만 지탱하는 주체라는 이러한 생각에는 분명 의외의 선구자가 있다. 바로 데카르트 René Descartes이다. 이 프랑스 철학자는 사고하는 주체를 '생각하는 사물'이라고 정의함으로써 그것을 고정하고 실체화하고 싶어 하는 것으로 보인다. 하지만 『성찰Méditation métaphysique』 중 제2의 성찰에서 사고의 주체, 즉 '상상력이 미치지 않으며 나 자신이 잘 알 수 없는 이 나'는, 소실되는 점點, 나타나면서 사라지는 점, 소멸하는 것으로만 기능한다. "내가 생각하기에 나는 존재한다"라고 그것이 말해질 때에만, 즉 '내가 그것을 말하고 있을 때에만' 타당하다. 정신분석의 주체도 다음과 같은 점에서 데카르트적인 사고의 주체와 똑같은 특수성을 띤다. 결국 실체가 아니라 '외재'하는 것이며, 또한 집요하게 '안에서 주장in-sister'을 하고, 시니피앙의 연쇄 안에서 자기 자신을 반복한다. 이러한 주체가 하나의 욕망을 통해서 움직이는 것으로서 제시될 때, 사람은 자신이 아주 똑같은 것을 계속 말하고 있음을 느낄 것이다.

---

43   *Un début dans la vie*, Gallimard, 2002, p. 68.

라캉의 논리학적 교리?

밀레가 1964년에 시도한 라캉의 업적 해석을 두고 많은 사람들은 라캉의 본질적인 바로크적 사고를 체계화하는 외관을 입혔다고 보았다. 라캉이 머리를 짜내며 프로이트를 독해하여 진리를 끌어내려고 한 것을 밀레는 이미 만들어진 틀을 이용해 쉽게 지식으로 제공한다는 인상을 주었다. 교과서 풍의 라캉이라고 간주되었기 때문이다. 이 점이 적어도 라캉에 대한 구조주의적 독해를 제시했던 젊은 밀레에게 비난이 가해진 이유이기도 하였다. 라캉의 개념이 분류되고, 무균화, 개념화되어 정리되면서 다양성이 지워져, 광채나 힘을 잃었다고 본 것이다. 한편 스승인 라캉의 입장에서는 그때까지 여기저기에 흩어져 있던 자신의 사상 단편들에서 일관된 체계를 도출해내는 이 젊은이를 보고 놀랐다고 한다.

『에크리』는 프랑수아 발François Wahl의 강한 끈기에 힘입어 1966년에 마침내 출간되었다. 밀레는 라캉의 사고에 내적 일관성이 있음을 분명히 전했다. 이러한 일관성은 라캉 자신이 명확히 체계화하지 않은 것이었다. 루소Jean-Jacques Rousseau나 키르케고르Søren Kierkegaard와 같은 방식으로 사고하는 사람들은, 헤겔 같은 독일적인 의미에서의 '체계' 구축을 목표로 하지 않는다. 그러니 라캉의 많은 제자가 밀레의 독해를 라캉적인 교리문답에 지나지 않는다고 여기고 그러한 독해에 신경을 곤두세운 것도 상상하기 어렵지 않다.

밀레의 독해는 이론적 테러리즘, 과도한 논리실증주의, 합리적인 것을 향한 궤도를 벗어난 집착 등으로 평가되었다. 이는 그저 구조주의가 지배적이던 시대의 풍조였다고 할 수 있을 것이다. 그렇다 하더라도 라캉은 밀레의 독해가 자신을 위한 것이라고 여겨, 일관되게 밀레 편에 있었다. 밀레의 **이론주의** 덕분에 라캉에 대한 이해는 통상적인 좁은 범위를 넘어서 아주 먼 곳까지 확장될 수 있었다.

라캉의 사고에 이르는 통로가 생겼으며, 그의 가르침은 명징하고 확실한 방법으로 전해졌다. 읽을 수 없었던 라캉을 읽을 수 있게 된 것이다!

그럼에도, 라캉의 사고를 교리화한 것으로 밀레를 비난했던 사람들은 훗날 밀레가 더 이상 60년대의 젊고 열광적인 철학자가 아니게 되었는데도 그걸 인지하지 못했다. 라캉 사고의 일부를 **논리화**하려고 한 것은 구조주의 **철학자**로서의 밀레였다. 그는 나중에 철학적 디스쿠르는 막다른 골목에 이르렀다고 선언하고 정신분석으로 전향을 한다. 철학과 정신분석은 서로 이질적인 디스쿠르였다. 따라서 철학자**이면서** 정신분석가일 수는 없었던 것이다. 밀레는 정신분석적 디스쿠르 쪽으로 옮겨 가자, 라캉에게는 교리가 일절 존재하지 않는다고 말하게 된다. "라캉의 이론은 존재하지 않는다Il n'y a pas de théorie de Lacan"[44]는 것이다. 라캉의 일련의 강의는 '체계'가 아닌 '시리즈'를 형성한다. 라캉 독해의 교훈은 체계를 시리즈로 치환하여, 고정된 것을 소통하도록 하는 것, 획득한 지식을 확인하는 것이 아니라 앞으로 나아가게 하는 것이다. 라캉 독해의 교훈은 이론보다 우위인 경험에 있다.[45] 이러한 점이 구조주의적 사고와 반대 방향으로 나아가는 것은 분명한 일이다. 중요하기에 강조하고 싶은 것은 밀레에게 라캉적 도그마는 전혀 존재하지 않는다는 점이다. "무의식은 언어처럼 구조화되어 있다"는 테제 역시 도그마가 아니다.

구조주의를 버린다는 것이 구조의 중요성을 잊어버린다는 의미는 아니다. 구조는 사람들이 관찰하면서도 이해하지 못하는 효과를 설명하기 위한 방법이다. 구조는 결코 이해될 수 없는 분석적 해석이 문제가 될 때 결정적인 역할을 한다. 실제로 해석이 다양한 효과

---

44 "La formation de l'analyste", *Revue de la Cause freudienne* n° 52, 2002, p. 6.
45 같은 글.

를 가져온다는 것을 확인할 수 있다. 따라서 구조는 무엇이 어떤 결과를 불러오는지 이해하지 못할 때 그것을 이해하게 해 주는 것이다. 이는 효과[결과]에 원인이, 그러니까 보다 합리적인 원인이 없다는 의미는 아니다. 구조는 원인과 이해할 수 없는 결과 간의 관계를 인과성으로서 위치시킨다. 이는 구조에서는 이해가 합리성의 척도가 아니라는 점을 드러낸다.[46] 이 말에서 우리는 밀레가 스스로를 더 이상 철학자로 여기지 않음을 알 수가 있다. 철학이란 합리성과 이해를 연결하는 것을 특출한 문제로 삼는 장場이기 때문이다. 다른 한편 정신분석은 분명 이해가 문제시되지 않는 장이고, 의미나 의미 작용에서 멀어져야만 하는 장이다. 그래서 밀레는 라캉의 사고에 이전과는 전혀 다른 방식으로 접근하기에 이른다. 그렇다고 해서 젊은 시절의 이론적 구축, 주체의 이론을 부정하는 것은 아니었다. 그때 이후로 그는 주체의 이론을 정신분석의 임상에 접근시키기 위해서 그 이론을 보완하지 않을 수 없었다.

정신분석을 향하여

이렇듯 밀레는 철학에서, 그리고 구조주의적·논리학적 경향에서 출발하여 정신분석 쪽으로 이행한다(그렇다고 해도 그가 최종적으로 정신분석가가 된 때는 80년대 초엽이다). 그는 라캉의 가르침을 여전히 표지해 주던 구조주의를 비판하기에 이른다. 인간의 조건을 가리키는 문제를 해결하기 위해서 수학을 참조하는 것은 더 이상 통용되지 않았다. 비극적인 것을 수학적인 것이나 논리학적인 것으로 치환할 수 없고, 파템pathème[47] ― 인간이 고통을 당하는 것, 인간의

---

46 같은 글.
47 라캉은 상징계, 상상계, 실재적인 것과의 관계에서 정신병의 구조를 밝히려

마음을 움직이는 것 — 을 마템에 종속시켜서 제시할 수 없었다.[48]
여기서 좌표축에 커다란 변경이 일어난다. 밀레는 변경하지 않을 수
없게 된 것이다. 이는 정신분석을 독해하는 철학자의 입장에서 정신
분석가로의 입장으로의 이행으로, 더는 돌이킬 수 없는 것이었다.
주체에 대한 의문이 불러온 이행이었고, 밀레는 '철학자'로서 이 의
문에 이론을 제공하였다. 다른 한편 그가 정신분석 안에서 발견한
것은 욕동la pulsion과 향락la jouissance이었다. 이제는 더 이상 단순하게
시니피앙의 논리에만 의문을 품는 것이 아니라, 향락과 실재적 인과
의 대결을 의문시한 것이다. 철학에서는 몇 세기 동안 단 하나의 명
령밖에 없었는데 그것은 진리를 손에 넣으려면 향락을 희생하라는
것[49]이었다. 정신분석에서 일관되게 유일한 실체는 **향락**이었고, 밀
레는 어떠한 진리를 위해서건 더는 향락을 희생하지 않으리라고 결
정하기에 이른다.

철학은 그 내적 구조와 그 명령에서도 상상적인 것[상상계]으로
나아가 버린다. 철학은 이해하는 것을 구하고, 세계관을 부여하는
일에 경주한다. 그러나 정신분석 입장에서는 세계는 존재하지 않으
며, 이해는 결코 중요하지 않다. 중요한 것은 무엇보다도 먼저, 듣는
것d'entendre이었다. 정신분석은 다른 무엇보다도 각 증례의 특이성
singularité으로 구성되며, 반면에 철학은 보편적인 것을 목표로 삼는
다. 정신분석에 일관된 이론적 작업이 확실히 있다고 할지라도, 우

고 마템과 보로메오 매듭le nœud borroméen이라는 개념을 구상했는데, 이는 수
식화나 양태를 통해 비유적으로 표현한 것이다. 마템은 상징적 질서의 논리
에 분절적 언어로 표시한 것이고, 보로메오 매듭은 현실계를 향한 상징계의
근본적인 변환으로 사물의 본모습을 위상학적으로 표시한 것이다. 파템은
"Le pathème du phallus(Le Séminaire "R.S.I.")", Ornicar?, 1975에서 언급한 것
으로, 정동적인 움직임을 기호화하려고 제안한 개념이다.—옮긴이

48 "L'ex-sistence", *Revue de la Cause freudienne* n° 50, 2002, p. 5.
49 "Le vrai, le faux et le reste", *Revue de la Cause freudienne* n° 28, 1994, p. 7.

선시되는 것은 언제나 임상이었다. 그러하기에 이러한 이론적 작업은 상징 시스템이 재편성되고 문명화에 따라 새로운 임상에 적용되면서 영구히 열린 상태로 남았다. 그래서 70년대에 밀레는 정신분석의 임상 안에서 그리고 정신분석 임상을 위한 작업을 한다.

제2장 정신분석 임상

한편 밀레는 처음에는 단순히 철학자로 시작하였다. 정신분석에
대한 훌륭한 독해자라는 점을 보여 주었고, 라캉의 개념을 해명하
는 방법을 제시하는, 주체를 다룬 탁월한 이론가라는 점을 인정받은
철학자였다. 그렇다고는 하지만 스스로를 하나의 '학파École'⁵⁰의 지
도자로서 당당하게 주장하고 나아가 그렇게 인정받기에는 근본적
인 조건이 결여되어 있었다. 그 조건은 다름 아닌 정신분석을 실제
로 실천하는 것이었다. 밀레가 정신분석가라는 자신에게 의지해서
만 권위가 허용될⁵¹ 수 있었던 것은 자크 라캉이 죽고 난 후의 일이

---

50   라캉이 후원했던 파리 프로이트 학파École freudienne de Paris를 이어받은 프로
     이트 대의파École de la Cause freudienne를 말한다. 계승 과정은 순탄하지 않았다.
     라캉의 제자 중에는 밀레를 따르지 않는 사람이 더 많았고, 그들은 새 학파를
     만들거나 다른 학파로 떠났다. 라캉이 생의 마지막에 단행한 파리 프로이트
     학파의 해산이라는 문제는 지금[2010년]까지도 논쟁을 일으킬 뿐 아니라 정
     신분석의 역사에서 '분열scission'로 불리는 것을 구성하였다(이 영향은 지금도
     여전하다).
51   라캉이 말한 "분석가란 자신에게 의지해서만 권위가 허용된다le psychanalyste
     ne s'autorise que de lui-même"라는 유명한 표현은 상당히 오독되었다. 이 표현은
     정신분석가 양성을 승인하는 자격 시험이 존재하지 않는다는 의미로 이해되
     어야 한다. 이는 정신분석의 분석경험 그 자체 내부에서, 분석 주체의 입장에
     서 분석가의 입장으로의 이행이 분명히 이루어졌는지를 확증해 주기 때문이

다. 샤를 멜망Charles Melman과 함께 수행했던 밀레의 분석 활동은 퍽 좋지 않은 상태로 종결되었고, 두 사람은 적이자 경쟁자가 되었다. 밀레는 자신이 분석가로 멜망을 선택한 것은 진리에 심취해 있던 밀레 자신이 멜망과 함께라면 자기 방식대로 잘되어 갈 거라고 느꼈기 때문이었다고 말한다. 바로 이 말에서, 밀레가 자신의 분석을 순조롭게 진행하기 위해 무엇을 필요로 했는지 볼 수 있다. 밀레는 보기 드문 급격한 노여움에 몸을 맡기는 것으로 유명한데, 어디서라도 무슨 일이 있어도 진리가 터져 나오도록 하려고, '모든 것을 말하는tout-dire' 관계를 향해 가는 데 보다 유연해 보이는 분석가를 필요로 했다. 한편 멜망 쪽에서는, 밀레가 정관사가 붙은 **정신분석가**le Psychanalyste 가 되는 것, 다시 말해 정신분석가라는 전형의 화신이 되는 것에 환상을 갖고 있었다고 설명한다. 두 사람은 스승인 라캉의 세미나를 편집하고 출판하는 문제를 둘러싸고 갈등이 격화되어 정기적으로 재판소에서 대치하기에 이른다. 멜망은 밀레가 쇠이유 출판사에 세미나 원고를 내놓으려 하지 않는 데다가 스승 라캉의 글 일부를 숨기고 있다고 비난하였다. 이에 대하여 밀레는 자신이 자크 라캉의 유언 집행자로서 타인에게 양도 불가능한 정통성을 가지고 있다고 반론을 펼쳤다.[52]

이렇게 해서 80년대 초에 밀레는 정신분석가가 되었고 새로이 프로이트 대의파의 지도자가 되었다. 그가 행한 교육은 라캉이 기대했던 기관인 파리 8대학 정신분석학부의 비호를 받으며 라캉적 오리엔테이션이라는 강의 형식으로 계속되었다. 이 활동이 결정적인 분

다. 이러한 확증은 독특한 절차, 즉 라캉이 발명한 '파스passe'라는 절차를 필요로 한다.

52 지금까지 그를 상대로 제기한 소송에서 밀레가 전승했다는 사실을 밝혀 둔다. "Tribunal de grande instance de Paris", *Revue de la Cause freudienne* n° 66, 2007 참조.

기점이 되었다. 그 후 임상가로서도 인정받는 인물이 된 밀레는 정신분석 실천에 관한 문제를 다른 각도에서 다루며 실천을 통해서 새로운 개념을 만들어 낼 수 있었다. 드디어 밀레가 정신분석 임상이 진화하는 데 공헌하는 인물이 되었기에 가능한 일이었다. 정신분석 임상은 정신의학적인 것이 아니며, 치료와 혼동될 수 있는 순수한 기술 노하우를 집적하는 것이 아니라는 점을 밀레는 강조한다. 정신분석의 임상은 각 증례의 특이성으로 구성되어야 하는 것이었다. 밀레는 과거 스승이었던 캉길렘의 발걸음을 답습하면서, 정신분석을 위해서 보편적인 것l'universel, 개별적인 것le particulier, 특이한 것le singulier을 결합하는 변증법을 만든다.

분석경험

우선, 밀레는 '치료'라는 용어를 '경험'이라는 용어로 치환한다. 치료는 프로이트가 「분석 치료la cure analytique」에서 제시한 용어였다. 하지만 치료라는 말은 단지 처치하는 것만 중요하다고 생각하게 할 여지가 있다. 우리의 서양 사회에서 혹은 라캉이 말하듯 '서양화한' 사회에서, 사람들은 언제나 '치료 중'이라고 말하고 있지 않은가? 예를 들면 감량 치료, 디톡스[해독] 치료 등 말이다. 여기서 우리 사회가 향락과 맺고 있는 크나큰 친화성이 드러난다. 즉 유명한 '속박 없이 향락하는 것jouir sans entrave'[53]으로, 이러한 목적을 위해 정신분석이 요구되기도 한다. 하지만 밀레는 프로이트와 라캉에 이어 다음과 같이 강하게 주장한다. 정신분석은 그것을 통한 일종의 돌봄soin으로 혼동될 문제가 아니며, 고통받는 주체가 정신 건강santé mentale을 되찾는 문제도 아니다.

---

53 1968년 5월의 표어 중 하나.—옮긴이

이미 프로이트는 분석가에게, 환자 치료를 유일한 욕망으로 삼지 말기를 권했다. 그는 낫게 하려는 열정, 치료를 향한 열정을 절대적으로 경계하지 않으면 안 된다고 말한다. 그런 까닭으로 밀레는 '분석경험expérience analytique'이라는 용어가 한층 더 적합하다고 생각하였다. 당연히 이 용어에서 '내적 체험expérience intérieure'을 상기할 수 있다. 이와는 전혀 관계가 없다고는 하지만(정신분석의 실천 문제에서, 조르주 바타이유Georges Bataille는 우리와 거리가 멀다), 이 용어는 적어도 어떤 모험을 상기시킨다. 밀레가 말하듯이, 세계화와 세상의 획일화로 인해 제자리에 머물기를 원하고 외출을 싫어하는 현대인에게 정신분석은 최후의 가능한 모험의 하나라고 생각할 수 있을 것이다.

따라서 정신분석은 치료를 목적으로 하지 않는다. 라캉은 "치료는 부산물로서 생기는 것이다"[54]라고 이미 지적하였다. 이는 냉소주의가 아니며 오히려 그 반대이다. 치료를 목표로 하지 않는 까닭은 본래 '정신 건강' 같은 것은 존재하지 않기 때문이다. 정신 현상이 문제가 될 때, 어떤 것이 건강한 것인지를 정의하는 '기준norme' 같은 것은 없다. 정신분석은 주체를 어떠한 기준에 맞추지 않으며, 반대로 주체의 내부에 있는 가장 특이한 것singulier을 목표로 한다. 정신분석 경험의 최종 단계에서 주체는 자신의 특이성으로 완전히 되돌아가기 위해서 일시적으로 공중에 뜬 것 같은 기분 나쁜 감각, 자기 자신을 상실한 듯한 감각을 느끼는 경우조차 있다. 정신분석은 이러한 점까지 추구한다. 정신분석이 언제나 전복적인 것은 그것이 주체에 **정관사가 붙은** 규범을, 다른 누구의 규범과도 닮지 않은 개인 **고유의** 규범을 목표로 삼기 때문이다. 어떠한 도덕도 있을 수 없고 만인에

---

54   *Écrits*, Editions du Seuil, 1966, p. 324. "(……) la guérison comme bénéfice de surcroît de la cure psychanalytique, (……)."—옮긴이

게 적용될 만한 것이라고는 없으며, 목적이라고 간주될 법한 '최고
의 선Bien suprême' 같은 것도 없다. 오히려 뒤에서 보겠지만 아주 개별
적인 **윤리**만이 있을 뿐이다.

그러나 이보다도 더 중요한 것이 있다. 경험이라는 용어는 이 경우
에 '주체적' 경험이라는 의미로 쓰이지만 이는 분석이 갖는 '과정으
로서'의 측면을 강조한다는 점이다. 이 측면은 '치료'라는 보다 중립
적인 용어로는 표현될 수가 없는데, 치료는 주체 입장에서 수동적인
것을 함의하기 때문이다. 주체가 자신의 진리라고 믿는 것의 형태에
서 다른 형태로 이행시키는 것이 분석 중에, 분석 과정 안에서 일어
난다. 이러한 생각은 분석경험을 이해하는 하나의 방법이며, 라캉은
이 점을 초기 가르침에서 개념화시켰다. 이는 변증법적 과정에 들어
가는 것으로, 주체가 고유의 역사를 받아들이고 '주체의 역사 안에
서 검열된 장[무의식]을 주체가 회복하는 것'에 도달한다. 이런 까닭
으로 분석경험은 ― 헤겔에서 '정신'이 현실화하는 모델에 의거하
듯이 ― 주체에 대한 의식화의 계기로 볼 수 있고, 그 안에서 주체는
자신을 현실화한다고 생각할 수 있다.

분석경험이라는 말에서는 과학 디스쿠르에 적합한 것이라는 뉘
앙스가 묻어난다. 실제로 여기에는 하나의 장치가 내재되어 있다.
합리적이며 논리적인 것이 구축되어 있음을 시사하는 장치이다. 분
석이 하나의 종결 혹은 하나의 결과에 이른다는 사실을 강조하는 장
치이다. 프로이트에게 분석은 '끝날 수 없는 것'이자 한계가 없는[55] 것
이었지만, 밀레가 정신분석에 부여하는 오리엔테이션에서 분석은
하나의 귀결une conclusion에 도달할 수 있다고 말한다. 우리가 주로 파
스pass의 문제를 다룰 때 분석경험이라는 용어를 개념화하는 다양

---

55   Freud, "Analyse avec fin et l'analyse sans fin", dans *Résultats, idées, prob-
     lèmes*, Tome II, Paris, PUF, 1998.

한 방법으로 되돌아갈 것이다. 파스는 '막다른 골목impasse'의 반대이지만, 이 막다른 골목이야말로 대부분의 경우 주체를 분석적 장치로 인도한다.

정신분석, 심리학, 정신의학

심리학, 정신의학, 정신분석이 각각 어떻게 다른지 묻는 경우가 있다. 누구나 이에 대해 떠올리는 바가 있겠지만 어딘가 애매한 점이 있는 것이 사실이다. 가령 정신분석에서는 프로이트의 침상divan 이미지가 거론된다. 정신의학의 경우 처방전과 향정신성 약물 처방이 있다. 심리학에는 대화의 주고받음이 유일한 관건인 대면 치료가 있다. 그렇다면 이들 세 용어를 구별하기 위해서 각각이 취하는 수련 방식formation에 주의를 기울여 보자. 정신과 의사는 전문 자격을 갖춘 의사이다. 심리학자는 대학에서 임상심리사psychologue clinicien라는 자격을 취득한다. 그런데 정신분석가가 되려면 문제가 발생한다. 정신분석가가 특별한 자격을 요하지 않는다는 뜻이 아니라, 정신분석가는 정신과 의사나 임상심리사를 겸하거나 이 두 자격을 다 갖고 있기도 한다. 혹은 정신과 의사나 임상심리사가 아니더라도, 과거에는 전문가ingénieur로서 정신분석가, 국가 박사 학위docteur d'État가 있는 정신분석가, 전문 교육자인 정신분석가 등도 있었다. 정신과 의사, 임상심리사, 정신분석가라는 세 전문 분야는 외관상으로는 모두 '마음 돌봄soin psychique'을 다루는 듯 보인다. 그리하여 이 세 '임상' 간의 차이를 신중하게 구별할 필요가 있다. 자크 알랭 밀레는 이러한 점에서 시작한다.

심리학, 정신의학, 정신분석은 이질적인 부분이나 요소들로 구성된 집합에 관계한다는 의미에서 다양성으로 이루어져 있다. 모든 인간 과학이 흥미를 갖는 '질병분류학nosographie'은 실제적으로 '분류'

를 만들어 낸다[대상을 분류하는 기준이 없어도 그 기준을 만든다]. 각각의 분류에 공통된 속성이 있을지도 모르지만, 그렇다 하더라도 근본적으로 서로 다른 여러 환자 곧 주체는 그 분류를 통해서 정리된다.

심리학은 '행동하는 인간'을 대상으로 삼고, 거기에서 보편 법칙을 끌어낸다. 최근 들어 심리학은 주로 신경과학에서 출발하여 연구를 진행하고 있다. 그래서 PET(양전자 방사 단층 촬영)나 CT(컴퓨터 단층 촬영) 스캔을 이용하여, 환자가 특정 작업을 행할 때 뇌 속 어느 부위에 산소가 유입되는지를 탐구한다. 그 결과로서 이러한 작업에 필요한 인지[행동]에는 뇌의 어느 부분이 관계하는지 결론 내린다. 그리하여, 사고는 산소 유입으로 인해 물질화한 것으로 이해한다. 결국 이는 프란츠 갈Franz Joseph Gall의 골상학으로 회귀하는 것으로, 사고가 뇌의 '내부'에 있다고 생각하는 셈이다. 이러한 경우에, 심리학의 대상은 '특성이 없는 인간homme sans qualités'이 된다. 이 대상은 모든 인구 집단이 되며 프로토콜을 실현하기 위한 표본이고 여기에서는 개인의 특수성은 어떤 것도 문제가 되지 않는다. 결국 심리학은 과학의 모델 위에 스스로를 구축하기 위한 현상으로서만 인간을 연구 대상으로 취급하는 것이다. 심리학으로 생각할 수 있는 인간은 관찰 가능한, 객관화 가능한 인간이다. 밀레는 최근 몇 년간 (밀레의 표현에 따르면) 이러한 과학 패러다임 위에 기초한 인지 행동 요법과 전투를 계속하고 있다.

정신분석의 주체는 이와는 전혀 다르다. 정신분석의 주체는 개인이나 인간 그 자체가 아니며 하물며 그 행동도 아니다. 정신분석은 밀레가 끊임없이 반복하듯이 **특이적인 것**을 다룬다. 그런 까닭에 정신분석은 규범과 무관하다. 캉길렘이 강하게 주장했듯이 개인에게 규범 같은 것이라 할 만한 '정신 건강'은 존재하지 않는다. 밀레는 정신 건강이나 그것으로 인도한다고 여기는 치료법과는 대극에 위치하는 것으로 '성애적인 것l'érotique'을 강조한다. 성애적인 것은 정신 건강에 이의를 제기하는 것이다. 성애적인 것은, 다시 말하면 개개 인에게 특이적인 욕망의 장치인 셈이다.[56] 실제로 욕망은 모든 규범 과 대립하는 것이자 '규범 밖에 있는extra-normatif'[57] 것이다. 정신분석 은 주체에게 스스로의 특이성 안에서 자신의 욕망을 명확히 하는 것 을 가능케 하는 경험이기에, 이 경험은 모든 치료 목표를 거절하면 서 전개될 수밖에 없다. 치료 즉 심적인 것의 치료란, 주체가 공통의 이상을 향하여 **누구나 모두가** 따라야 한다는 욕망을 표준화하는 것 으로, 이는 본질적으로 무의미한 시도이다.[58] 말하는 주체, 말해지는 존재에게 욕망은 본질적으로 누구나 같은 것이 아닌 것, 예외적인 것, 혹은 '근본적인 일탈'[59]임을 내포한다.

이렇듯 정신분석을 통해서 처음부터 보편적인 것이 제외된다는 점이 무엇을 의미하는지를 이해할 수 있을 것이다. 이는 사람이 '타 자가 바라는 것' 특히 가족이 바라는 것에 비해 '자신이 바라는 것'에 관해서는 자발적으로 말을 하지 않기 때문이다. 무의식이 '대타자의 디스쿠르discours de l'Autre'(어머니, 혹은 가족 구성 안에 있는 어떤 인물 의 디스쿠르)라면, 이 디스쿠르는 주체를 막다른 골목으로 이끌어 간다. 사람은 자신에 관계된 디스쿠르[타인의 말], 때로는 자신의 탄 생 이전부터 이미 존재하던 디스쿠르를 가지고 분석에 들어오며, 이 에 대하여 불만을 드러낸다. 사람은 자신이 바라는 것을 모르며, 진 실로 욕망하는 것을 알지 못한다. 그런 까닭에 사람들이 분석에서 기대하는 것은 '나의 고유한 욕망을 회복할 수 있을까?'라는 점이다 [즉 자신의 욕망이 무엇인지를 알고 싶어 한다].

---

56 "Choses de finess en psychanalyse", leçon du 3 déc 2008, 미출간.
57 "Choses de finess en psychanalyse", leçon du 19 nov 2008, 미출간.
58 같은 글.
59 같은 글.

각 개인이 갖는 욕망의 **특이성**은 보편적인 것을 향해 흡수되려는 모든 시도, 혹은 과학적으로 분류되리라는 기대에 배치된다. 그럼에도 정신분석은 하나의 이론이며, 보편성을 향하는 이론적 총체corpus의 하나이다. 게다가 정신분석은 각각의 증례에 대한 특이성을 설명한다고 간주되는 메타심리학métapsychologie을 주창하기조차 한다. 따라서 여기에 일종의 패러독스가 개재한다. 하지만 이 패러독스 자체가 정신분석의 임상에서 문제가 된다는 말은 아니다. 언제나 가장 극단적인 특이성을 갖는 주체를 각각의 증례를 통해서 다룬다 할지라도, 특이적인 실존으로 가득한 이 다양성 안에는 구조화를 가능하게 하는 공통의 보편적인 것이 존재한다. 욕망은 누구도 피해 갈 수 없는 법을 가지고 있다. 질병분류학에 의한 모든 명명이 포함하는 외관semblant[60]의 차원을 주의하여 바라본다면, 욕망의 법에 의존하는 것에서는 막다른 골목이 존재하지 않는다. "주체에 고유하며 아주 특이적인 것이라면, 그리고 주체가 어떠한 분류에 속하지 않지만 만약 그것이 분류상 이질적인 것이라면, 그것이야말로 주체의 실재적인 욕망이며, 다시 말해서 주체의 고유한 향락의 모드[양식]이다"[61]라는 점을 확실히 이해해 둘 필요가 있다.

'섬세한 것' 혹은 실존의 특이성

환자의 이야기를 들을 때 처음 알 수 있는 사실이 있다. 각 주체가 말하는 어조가 상당히 특이적이라는 점이다. 지극히 평범한 사실이지만 매번 놀라운 사실이기도 하다. 신체에는 유전자 — 우리에게

---

60 외관은 라캉 이론에서 어떤 현상이나 사물을 지칭할 때 그것을 규정하는 말로서, 현상이나 사물을 부르는 이름, 지칭, 명명이라고 할 수 있다. 여기서는 병명으로 '분류'라고 말하고 있다.—옮긴이
61 같은 글.

고유한 DNA의 이중나선, 즉 우리의 동일성을 가리키는 과학적 표시 — 가 있고, 정신에는 고유한 것으로 언어가 있다. 적어도 자신을 표현할 때만큼은 아주 특이적인 방법이 나타난다고 말해도 좋을 것이다. 우리가 사용하는 고유한 언어를 우리 스스로 발명한 것이 아니기에, 언어는 '대타자'에 의하여 전해진 것이라 하겠다. 하지만 우리는 자신을 특이한 것으로 만드는 하나의 '말해진 언어un parlé'를 언제나 가지고 있다. 이를 통해서 우리의 커뮤니케이션이 성립한다 할지라도, 정신분석을 통한 커뮤니케이션은 언제나 그 깊은 곳에 오해를 품고 있다. 각각의 사람은 자기 고유의 언어로 말하고(이를 라캉은 '라랑그lalangue'라고 불렀다) 있음에도 불구하고[사회적 규칙에 맞지 않게 사용하여도], 커뮤니케이션은 이상理想 속에서 보편적으로 성립한다.

그런데 우리가 어떤 분류에서 보편적인 것[이를테면 보편적인 것으로 추출된 질병 개념] — 글로 적히고 상상될 수 있는 것 — 을, 증례를 통해서 대체 불가능한 특이적인 것과 접속시키려고 할 때 도대체 어떤 일이 일어나는 것일까? 각각의 임상 사례에서 특이적인 것이 문제가 될 때 어떻게 보편성을, 이러한 불가능한 보편성과 구별할 수 있을 것인가?[분류의 기준이 되는 보편성과 개인 증상의 특이성을 어떻게 구별할 것인가?] 각 증례를 별개의 것으로 취급하면서도 보편적인 것을 내포한 이론을 참조한다는 패러독스는 임상 작업을 방해하지 않는다고 단순하게 이해해 보자. 실제로 이러한 이해는 임상가를 독단으로 흐르지 않도록 해 준다. 정신분석가는 '무지의 정열passion de l'ignorance'을 유지하지 않으면 안 되며, 새 환자가 올 때마다 이전에 획득해 축적한 모든 지식을 잊어야만 한다. 라캉은 소크라테스의 태도가 분석가의 태도를 잘 보여 준다고 말한 적이 있다. 언제나 특이적인 사례를 다루는 정신분석가는 특수한 사례 앞에서 '내가 아는 단 하나의 사실, 그것은 바로 내가 아무것도 알지 못한다는 사실이다'라는 태도를 취해야만 한다. 개념이나 이론, 증례의 구성은 시간적으로 거슬러 오는 것이며[소급적이며], 그것들은 언제나 살면서 행한 실천의 외부에 있다. 분석실천에서 고유한 사례의 구성이라는 작업은 분석 주체 측에 맡겨져 있다. 어떤 의미에서는 보편적인 것을 목표로 하지 않으면 안 되는 쪽은 분석 주체이다. 어렵게 축적된 우리의 진리들을 어떻게 하나의 지식으로 만들지를 탐색하는 일은 분석경험에 참가하는 주체의 역할이다. 주체가 자신의 특이성에서 보편적인 것을 추출할 수 있다고 생각한다면, 그는 이 지식을 전달할 수도 있을 것이다. 그 지식을 전달함으로써 증례 안에서 분석 이론이 보완될 수 있다. 물론 이를 강제하려는 것은 아니다. 하지만 이 특수한 전달이 성립한다면, 그리고 주체가 욕망을 원한다면, 이 경우에는 특별한 절차가 있다. 바로 파스의 절차로, 파스는 라캉이 발명한 것이다. 모든 정신분석가가 파스에 찬성하는 것은 아니지만, 파스를 받아들이는 학파는 필연적으로 라캉파라고 말할 수 있다.

특이적인 증례와 이론에 속하는 보편성과의 접속이라는 우리의 의문에 대하여 밀레는, 우선 '임상'이 무엇인지를 분명히 밝히는 것으로 대답을 시작한다. 임상이란 무엇인가? "고전적으로 임상이란 환자를 베드에서 일어나게 하는 것이다. 이는 어원에서 알 수 있다. 본질적으로 임상이란 모든 목록에 이미 분류되어 있는 징후나 흔적을 기반으로 현상을 집합적으로 나누는 방법이다. 그렇기에 임상은 질서를 세워서 분류와 객관화를 수행한다. 결국 임상이란 근본적으로 식물 표본과 같은 것이고 분류학이며, 분류하여 포섭하는 것을 통해서 다양성을 객관화하는 방법이다."[62]

이 점을 통해 다음과 같은 사실을 바로 이해할 수 있다. 정신분석

---

62 "Choses de finess en psychanalyse", leçon du 10 déc 2008, 미출간.

은 각각의 특이한 것을 증례들과 관련 짓기에, 단순히 임상에서 출발해서 실천되지 않는다는 점이다. 단순히 임상에서 출발하는 것은 오히려 정신의학의 수법이다. 정신의학에서는 좋은 치료를 하려면 진단을 내려야만 한다는 원칙이 있다. 이것이 암시하는 것은, 엄밀히 말해서, 특이적인 것은 그 정의가 말해 주듯 특이성을 포괄하는 분류에서 벗어나므로, 정신분석적 임상은 존재하지 않는다고 말해야 할 것이다. 진단학적 분류를 행하려면 적어도 동일한 증례 두 개가 필요하기 때문이다. 다양한 증례와 관계를 맺고, 각 주체에 특이적인 것을 개별적으로 구성하기를 희망하는 정신분석은 아주 힘든 길을 헤쳐 나가지 않으면 안 된다. 따라서 우리는 '정신분석에 임상은 없다'고 말하게 되는 것이다[즉, 다른 임상을 참조하면서 분석을 할 수가 없다]. 하지만 사안이 그리 단순하지는 않고, 정신분석가들은 그들에게 고유한 다른 임상들과 타협을 하게 된다. 이는 특이적인 것의 임상이며, 무엇보다도 '전이 아래서의 임상'이다[정신분석의 임상은 케이스마다 다르지만, 분석가와 분석 주체 사이에 전이라는 현상이 개재된다. 특이성이 필수라는 의미이다].

정신분석은 특이성의 '과학'인가?

다시 강조하면, 정신분석에서는 각 개인의 특이성만이 중요하다 (그리고 분명 이 점이 정신분석을 모든 심리학과 구별해 주는 요소이다). 정신분석은 '하나뿐인 일자Un-tout-seul'[63]를 통해서만 가치를 갖는 점과 관련되어 있다. 특이적인 것은 임상의 외부에, 분류의 외부에 있다.

밀레에 따르면, 특이성이란 일종의 논리학적 범주이지만 논리학

---

63 "Choses de finess en psychanalyse", leçon du 3 déc 2008, 미출간.

의 한계에 있는 범주이기도 하다.[64] 실제로 우리는 특이적인 것을 말할 때 그것이 가리키는 것 이상을, 즉 그것이 지시하는 것을 넘어서 말할 수 있을까? 그것에 대하여 말한다는 일 자체가 가능할까? 왜냐하면 특이적인 것은 그 자체일 뿐, 다른 무엇과도 닮지 않았기 때문이다. 결국 특이적인 것은 사람들에게 공통된 것의 외부에 있다. 그리고 특이적인 것에 관하여 언어는 인간에게 공통된 것을 말할 수 있다.[65] 그런 까닭으로 특이적인 것을 어떤 분류로 귀속시키려 할 경우 문제가 생긴다. 진단에서 이 점이 문제가 될 때, 이 문제는 임상에 관련되어 임상가를 곤혹스럽게 할 것이다. '이 환자가 정신병인가, 신경증인가? 강박의 주체인가, 히스테리 환자인가?' 하는 문제가 생긴다. 정신분석이 다루는 특이적인 것이라는 관점을 취하면, 각자가 다른 누구와도 닮지 않았고, 서로 비교하기도 불가능[66]하기 때문이다. 그리하여 분석은 각자에게 특이적인 것의 출현을 받아들이는 실천이 된다. 결국 분석은 특이적인 것 쪽으로 방향 지어진 경험 그 자체이다. 그렇다고 한다면, 분석에서 진단은 제외되는 것은 아니라 할지라도 목표로 삼을 것도 아니다.

각자의 사람에게 특이적인 것이란, 각 개인이 '향락하는 방식mode de jouir'이다. 그리하여 '분석가의 욕망'이란, 여러분의 존재를 형성하는 것들 중에서 가장 특이적인 것을 손에 넣으려는 욕망이다. 이는 여러분을 무엇엔가 적응시키려는 욕망이 결코 아니다. 그것은 심리학의 목표이다. 분석가의 욕망은 여러분을 기분 좋게 하거나 낫게 하려는 것도 아니다.[67] 분석의 의도는 최종적으로 분석 주체가 자신을 그토록 차이화하는 것의 윤곽을 확실히 드러내서, 다른 것에서

---

64 "Choses de finess en psychanalyse", leçon du 12 déc 2008, 미출간.

65 같은 글.

66 같은 글.

67 "Choses de finess en psychanalyse", leçon du 3 déc 2008, 미출간.

분리되고 이를 받아들이는 데에 있다. 결국 분석이란 최종적으로 다음과 같이 말하며 끝이 난다. "나는 그것ça이다. 그것은 좋은 것은 아니어도 여타의 것과 다르며, 내가 그것을 자랑하는 것은 아니지만, 그래도 그것이 바로 나다."[68]

과거부터 라캉이 정신분석이 심리학이나 정신의학과 확실히 구별되는 점이라고 생각한 것은, 분석경험이 어떤 진리 자체를 분명히 해 준다는 점이다. 밀레는 이를 다음과 같이 정리한다. "실제로 분석은 주체의 특이성이라는 형태를 취함에 따라 복수적인 진리를 표명해 나간다. 확실히 진리는 진리가 자리한 좌표를 따라서, 그리고 진리의 역사가 갖는 우발성에 따라서 변화한다는 것은 분명한 사실이다. 하지만 그렇다 할지라도, 이 복수적인 진리를 횡단하여 하나의 진리가 나타난다. 나타나는 것은 다름 아닌 그 진리의 장소lieu이다. 모든 증례에서 원인은 심적인 것이라기보다는 오히려 논리적인 것 — 논리학을 파롤과 디스쿠르, 즉 로고스의 효과로서 이해한다면 — 이며, 논리학이 심적인 것이 있는 곳에 도달하는 것이다. 라캉은 (……) 정신분석에서 바로 이 점을 높이 평가하였다. 결국 (……) 정신분석이란 말하는 존재와 말해지는 존재로서의 인간 존재가 갖는 내재적인 병 안에서 언어의 효과를 인정하는 것이다[언어의 지배를 받으며 실재와의 간극이라는 병을 통해서 밝히는 것이다. 언어를 통해서는 실재가 말해질 수 없기 때문이다]."[69]

---

68 같은 글. [이것이 바로 환상의 횡단traversée du fantasme에서 오는 효과이다.]
69 "Choses de finess en psychanalyse", leçon du 19 déc 2008, 미출간.

정신의학 임상에서 정신분석 임상으로

밀레는 적절하게도 다음과 같이 말한다. "정신분석 임상은 증상의 종류를 통해서 분류되는 여러 사실들의 수집 ― 혹은 증례의 서술 ― 으로 끝나는 것이 아니다. (……) 정신분석 임상이란 오히려 정신분석 경험 그 자체를 구조화시키는 주체적인 질서의 구성에 따라서 변화하는 구조의 총체이다."[70] 실제로 분석경험은 구성construction이라는 간접적인 수단으로 이루어진다. 즉 분석경험에서는 증상도 환상도 구성되는 것이다. 그러나 이는 무엇보다도 정신분석의 임상이 전이 하에서의 임상이라는 것을 의미한다. 여러 가지 진리의 출현을 가능하게 하려면 분석가와 분석 주체는 서로 **현전**하지 않으면 안 된다. 무의식은 단지 분석 주체 측이나 분석가 측에 있는 것이 아니며, 각자의 안에 있는 것도 아니다. 왜냐하면 주체의 무의식이라는 것은 존재하지 않고, 존재하는 것은 무의식의 주체이기 때문이다. 분석경험이 출현시키는 지식savoir은 일종의 간주체성intersubjectivité의 성과이며, 만일 여기에서 무언가 전달되고 있다고 한다면, 이것은 보통의 유일한 길인 대학 디스쿠르le discours de l'université의 길과 통하는 것이다. 하지만 분석의 핵심을 구성하는 여러 가지 사건-진리는 구성된 지식이라는 형식을 통해 전달되는 것이 결코 아니다. 분석경험에서 일어나는 것을 전달하기란 곤란하다. 분석경험은 주체의 가장 내밀한 것에 효과를 가져오기 때문이다.

라캉의 입장에서, 분석가 자신이 분석 주체에게 부여하는 해석이 왜, 어떤 식으로 효과를 주는지 '고민한다면', 이는 정신분석적인 의미에서의 해석이 아니다.[71] 예를 들어, 분석경험에서 이루어지는 해

---

70 "H₂O", *Actes de l'E.C.F.* n° 8, 1985, p. 22.
71 효과를 이해할 수 있게 해 주는 해석은 정신분석적 해석이 아니다. Lacan,

석에 대해 더 많이 배우겠다고 분석가와 분석 주체가 만나는 장소에 녹음기를 설치하는 일이 무익하다고 하는 이유가 여기에 있다. 그러한 행위는 정신분석의 신용을 실추시키는 것에 지나지 않는다. 정신분석의 신용을 높이기 위해서 이러한 수단을 이용할 수는 없다. 분석에서 끌어낼 수 있는 지식은 평가할 수 있는 것이 아니다. 그 지식은 개념의 망에서 벗어나는 것이며, 과학적 실험의 대상이 될 수도 없다. 경험이라는 용어가 치료라는 용어를 대체했다는 점을 상기해야 한다. 이 용어는 **주체적** 경험이라는 의미에서 이해되어야 하며 과학적 의미의 실험은 아니다.

잘 알려져 있듯이, 라캉은 지식과 진리를 분리하였다. 그는 지식과 진리의 이율배반antinomie을 강하게 강조한 사람이며, 이러한 생각은 정신분석 경험에서 얻은 것이다. 실제로 정신분석에서 분석가는 엄밀한 의미에서 지식을 보전하는 사람이라기보다는, 지식이 있다고 상정되는 사람이다. 치료에서 어떤 지식을 끌어낼 수 있는지 어떤지, 즉 구성된 지식을 끌어낼 수 있는지 어떤지는 완전히 불확실하다. 이 점이 바로 정신분석이 제기하는 전달의 문제이다.

고전적(정신의학적)인 임상과는 대조적으로 정신분석 임상은 정신질환을 분류하지 않으며, 한 건 한 건에 의하여 구성된다. 정신분석 임상은 주체 각각의 가장 내밀한 것, 그 주체의 고유한 향락의 방식을 목표로 하며, 어떠한 분류를 사용하더라도 증례를 만족스럽게 설명할 수는 없다. 확실히 프로이트와 라캉도 언제나 무시할 수 없는 것으로써 구조를 참조했었다(예를 들어 임상가는 증례가 강박신경증인지, 파라노이아[편집증] 정신병인지를 구별하지 않으면 안 되기 때문이다). 하지만 이러한 것은 단지 분석적 디스쿠르 안에서 증례에 관한 논의가 가능하도록 증례를 구축하기 위한 것일 뿐이라

Autres écrits, Editions du Seuil, 2001, p. 211.—옮긴이

고 그들은 명확하게 주장하였다. 밀레에 따르면 증례를 구축한다는
것은, 증례에 논리적 좌표축을 부여하는 것을 의미한다. 논리적 좌
표축이란 증상의 형식적 외피와 환상의 논리를 말한다. 증례 구축
은 분석적 디스쿠르의 발전에 기여하기 위해서, 그리고 정신분석가
공동체가 역사적인 구분에 부응했던 임상의 변화를 포착하기 위해
서는 필요 불가결하다. 실제로 다양한 증상은 똑같은 형식을 취하
지 않고 각 시대의 사회·정치적인 문맥에 따라서 다른 형태를 띤다
는 점이 알려져 있다. 히스테리성 신경증은 여전히 존재하지만(이
는 어떤 주체가 취할 수 있는 방책으로 언제나 존재하는 것이다), 정신
병원에서 샤르코Jean-Martin Charco가 쓴 의미의 히스테리는 이제 거의
발견할 수가 없다. 증상은 시대에 따라 형태가 변한다. 그리하여 정
신분석은 영속적인 탐구를 계속해 나가는 것이며, 또한 과학으로 성
립하였던 디스쿠르처럼 그 자체로 갇혀 있어서는 안 된다.

　이러한 관점에서 본다면, 존재하는 유일한 임상은 정신의학 임상
이라고 할 수밖에 없다. 하지만 밀레가 주장하듯이, 정신의학 임상
은 지난 50여 년간 시대에 발맞추지 못했다. 정신의학 임상은 과거
에 속한 것이 되었다. 실제로 증례를 진단하기 위해서는 새로운 분
류의 경계를 정하고, 새로운 질병 단위를 발명하는 것이 과제가 되
었다. 그런데 우리는 정신의학이 거의 반세기 전부터 새로운 것을
제출하지 못하고 있다는 점을 확인할 수 있다.[72] 우리 시대의 임상,
그것은 단지 약물의 임상이며, 그 경향은 한층 강화되고 있다. 바꾸
어 말하면, 환자의 증상에 대처할 때 먼저 약물이 가능하게 해 주는
효과에서 출발하는 임상이다.[73] 정신분석에 관하여 말한다면, 정신
분석은 시니피앙의 임상으로 구성될 수밖에 없다. 왜냐하면 정신분

72　"Problèmes cliniques pour la psychanalyse", Quarto n° 1, 1981, p. 21.
73　같은 글, p. 22.

석에서는 주체가 말한다는 점만 필요로 하는 것이 아니라, 주체가 말을 할 때 주체는 자신이 말하려고 하는 것보다도 많은 것을 말하고 있다고 간주하기 때문이다.

그렇다 하더라도 분석 임상이 정신의학의 유산에 토대를 두고 있음은 확실하다. 프로이트가 당시 독일의 임상 안에서 의지처를 발견했다는 사실은 누구라도 동의하며, 이 점을 강조하기도 한다. 하지만 더 이상 적절한 정신의학 임상이 존재하지 않는다고 말할 수 있다면, 정신의학 임상을 이어가는 것은 정신분석 임상이라고 밀레는 생각하였다. 밀레가 임상 파트Sections clinique를 설립한 것은 이러한 목적을 위해서였다. 임상 파트는 정신분석 임상을 위한 양성formation의 장이라는 네트워크이며, 여기에는 병원에서 행하는 환자제시 présentations de malades[74]와 '과거의' 정신의학 임상에서 이루어졌던 고찰을 위한 장소도 설치되어 있다. 말하자면 이러한 임상 파트는 오늘날의 정신의학이나 약물 요법을 중심으로 삼는 정신의학의 움직임에 맞서는 진정한 저항의 장소인 셈이다. 정신분석은 소중한 임상을 피난시켜 두기 위한 고유의 장소이다. 왜냐하면 새로운 임상 단위가 생겨난다고 한다면, 사실이 그러하듯, 그것은 정신의학의 장에서가 아닌 분석의 장에서 탄생할 것이기 때문이다.[75]

분석 임상에서 말하는 증상은 정신의학 임상과는 다르다는 점을

---

74   환자제시란, 예를 들어 병원 내 협의체에서 실제로 환자를 진찰하는 것을 의미하는데, 면담 과정을 제시할 뿐 아니라, 여기서는 병자의 이야기를 듣는다는 함의가 중요하다. 이 방법은 샤르코가 동료나 학생 등을 상대로 자신의 치료 방식을 보여 준 것에서 유래한다. 프로이트 역시 파리 유학 중에 최면 효과를 강조하는 샤르코의 환자제시에 참여하였다. 라캉도 생탄느 병원에서 환자제시를 오랫동안 수행했으며, 남아 있는 기록을 보여 주는 저작으로는 고바야시 요시키小林芳樹의 『라캉, 환자와의 대화 — 오이디푸스를 넘어서』(이정민 옮김, 에디투스, 2017)가 있다.—옮긴이

75   같은 글, p. 23.

유념할 필요가 있다. 분석적 증상은 환자에 의해 말해진 증상이며, 무엇보다도 이야기하는 증상symptôme parlant이다. 분석적 증상에 주어진 최초의 정의는 증상과 중단된 메시지를 같은 것으로 간주하였다. 증상은 수신처나 대화의 상대를 발견하지 못한 메시지였다.[76] 이같은 증상에 대하여 오늘날의 정신의학은 반대 입장에 서 있다. 즉 오늘날 정신의학에서는 누구도 이러한 증상에 대하여 말하지 않는다. 바로 '무언의 임상clinique muette'[77]이다. 뇌 MRI나 단순한 생체 조직 진단이라는 수단으로 기계가 진단을 내리고, 기계가 치료를 하는 것이 이상적인 무언의 임상이다. 반면에 정신분석의 임상은 시니피앙의 임상이며, 전이 하에서의 임상이다. 청취하는 것, 그리고 분석가와 분석 주체 사이를 연결하는 아주 독특한 유대, 이러한 것들이 분석경험을 잘 유도하기 위한 도구들이다.

정신병의 문제

밀레는 정신질환자를 분석해 내는 일이 가능하다고 생각하는 사람들 중 하나이다. 정신질환자 분석은 결코 자명한 것은 아니다. 앞에서 우리는 이미 라캉이 재고했던 프로이트의 임상이란 전이 하의 임상이라는 점을 지적하였다. 고전적으로 정신병의 증례에 관해서는 전이 하의 임상이 이루어지지 않는다고 간주되었다. 밀레가 정신질환자 분석이 가능하다고 주장했을 때, 이는 아주 혁명적인 주장이었다. 그렇다고 한다면, 밀레의 경우 정신질환자와 전이가 가능하다는 것인가? 혹은 다른 양상이 존재한다는 것인가?

정신질환자는 언어 획득에 결함이 있다. 부성 은유, 다시 말해서

---

76 같은 글.
77 같은 글.

(어떤 본원적인 시니피앙을 억압하여) 주체가 언어 안에서 형성되도록 하는 기능이 정신병의 경우에는 작동하지 않는다. 이 시니피앙이 배제됨으로써 시니피앙의 연쇄가 전개될 수 없는 것이다. 이렇게 언어[의 세계]로 진입하는 일이 거부된다. 정확하게 말하면, 스키조프레니성 정신병psychotique schizophrène에서는 상징계가 언제나 실재적인 것으로서 지각된다[언어(말)에 의한 표상이 아니라, 언어 자체가 바로 지시하는 사물로서 생생하게 등장한다]. 결국 그들은 언어를 사물처럼 다루며, 언어의 순수한 외관으로서의 측면[표상]으로는 생각할 수 없다. 이는 정신병이 전통적으로 정신의학의 점유물이었음을 보여 준다. 정신병에서는 주체가 갇혀 있다고 생각하기 때문이며, 그러하기에 그들의 말을 듣는 일은 더 이상 필요하지 않고 관찰하기만 해도 충분하다고 본 것이다. 그럼에도 밀레는, 개인이 어떠한 병리적인 구조를 갖든지 간에 언어는 현존한다고 생각하였다. 언제나 언어를 향한 **최소한의** 작용이 이루어진다는 것이다.

그리하여 정신병에 관해서는, 분석경험을 통해서 **주체**를 생산하는 것이 가능한지 어떤지를 알아보는 점이 한층 더 관건이 된다. 정신분석에서 주체는 밀레가 이해하는 한에서 무의식의 주체이다. 이 주체를 프로이트는 '과거에 있었던 곳으로 되돌아가는advenir là où ça était' 존재라고 불렀다. 이러한 의미에서 주체 '안에는' 무의식이라는 것이 존재하지 않는다. 그것은 마치 '인간 안에 있는 작은 인간'과 같다. 무의식은 단지 시니피앙의 효과에 지나지 않는다[무의식이 어떤 실체로서 내 안에 있는 것이 아니라, 언어(시니피앙)의 효과로서 생성되는 것이다]. 무의식은 언어처럼 구조화되어 있으며, 이는 무의식이 언어처럼 법[규칙]에 종속되어 있음을 의미한다. 무의식은 문체의 형상을 통해서(라캉은 이 점을 '피로감을 모르는 노동자'라고 비유하였다), 은유(압축) 혹은 환유(치환)라는 수사법처럼 작동한다고 본 것이다. 무의식의 주체가 본질적으로 **분할**divisé되어 있다는 것은 바로 여기서 기인한다. 인간은 자기 자신과 완전히 일치할 수 없고, 언어에 의하여 소외[마르크스적인 개념이 아니라, 인간이 언어로 지칭되면서 본래의 자기에서 멀어진다는 의미]됨으로써 분할되어 있으며, 자기 신체로 환원되지 않고, 무엇보다도 언어에 '기생'하는 존재이다. ($로 표기되는) 무의식의 주체는 태어날 때 주어진(선천적인) 것이 아니라, **생산**produire되어야만 한다는 사실에 유의해야 한다. 그리하여 정신병에 대한 정신분석이 가능한 치료에서 제기되는 모든 문제는, 대타자에 대하여 주체가 지향하는 관계(언어가 활동하는 장소로서, 언어가 서로 조합하면서 의미 작용을 생산하는 시니피앙의 집합)를 각 증례에서 고찰하는 것으로 귀착된다. 이러한 주체는 어떤 식으로 언어의 질서를 향하여 가는 것일까? 이러한 주체는 어떠한 디스쿠르의 효과이고, 나아가 어떠한 좌표축에 위치할까? 이 환자에게서 무의식의 분할된 주체를 생산하게 하는 것이 가능할까? 밀레에 따르면, 이러한 의문에 대한 대답은 명확하다. "그리하여 나는 정신병은 주체에 관련된 문제라는 점을 강하게 주장한다. 분명 정신병은 주체의 생산이라는 극한으로 우리를 유도한다."[78]

문제가 상당히 복잡해 보인다. 더불어 이 문제는 숙련된 경험에 의거한 임상적인 노하우를 요구한다. 어찌 되었든, 정신질환의 주체와 분석을 실천하는 일에서 '미리 규정된' 금기 징후가 있지 않다는 점을 유의하자. 다시 한번 말해 두자면, 이는 정신분석의 세계에서 지배적인 생각이 아니고, 오히려 예외적인 것이다. 정신분석 임상에서 밀레가 증언하듯이, 정신질환자를 '광인fou'과 동일하게 취급하지 않아야 한다는 점을 잘 이해해야 한다. 사람들은 광인을 실성했다고, 또는 상식적이지 않다고 단정하는 경향이 있다. 하지만 광인은 자기의 고유한 방식으로 자유와 관계 맺고 있다.

---

78 "Produire le sujet?", *Actes de l'E.C.F.* n° 4, 1983, p. 34.

이 주제에 대하여 우리는 정신질환자를 주체로 복권시키는 밀레의 논의를 상기해 볼 필요가 있다. 밀레는 라캉이 말했던 "광인은 자유로운 인간이다"를 인용한다. 이 발언은 아주 신중하게 받아들여져야 한다. 광인이 자유로운 인간이라는 말은 광인이 거절한다는, 즉 '부성의 기만imposture paternelle'[79]을 거절한다는 뜻이다. 이 거절은 특정한 '주체적 입장'을 동반한다. 라캉은 "자신이 원한다고 광인이 되는 것이 아니다"[80]라고 하면서, 광인도 이른바 선택을 한다고 말한다. 따라서 정신병은 어떠한 기능장애에 기인한 것이 아니다. 광기는 기질적인 병인론에 종속되지 않는다. 라캉에 따르면 신체 변조의 결과(예를 들어 신경전달물질의 조절 부전, 도파민 과잉이나 부족을 포함하여)로서 광기를 이해하는 '기질론적organiciste' 조류에 반대하는 것이다. 밀레에 따른다면, 정신병은 (예를 들어 아버지나 어머니의 실수가 원인이 되어) 주체에게 순수하게 기계적인 방식으로 부여된 것과 같이 프로그램화된 어떤 것조차 아니다. 광인은 광기를 **선택**했으며, 망상délire은 다가오는 어떠한 위협에 대한 일종의 해결로 나타난다. 인간은 모든 수단을 써서 불안으로부터 몸을 지키려고 하는데, 정신질환자가 망상을 형성하지 못한다면 그는 심한 불안에 휩싸일 것이다(예를 들어 신체 부위가 각각 분리될 듯이 느끼는 불안으로, 앙토냉 아르토Antonin Artaud의 저작은 이런 종류의 불안으로 주체가 궁지에 빠지는 고뇌를 잘 보여 준다). 이러한 이유로 완전한 '주체의 지위'를 확보하는 것으로서 정신질환자를 생각하지 않으면 안 된다.

밀레는 일종의 비판문 형태를 취하면서 이러한 문제들을 표명하

---

79 "Sur la leçon des psychoses", *Actes de l'E.C.F.* n° 13, 1987, p. 96.

80 "Propos sur la causalité psychique"(1946), *Écrits*, Editions du Seuil, 1966.— 옮긴이

고 설득하려고 노력한다. 우선 그는 라캉의 개념인 배제forclusion에서 생각을 끌어온다. 배제란 정신병의 고유한 메커니즘으로, 억압의 실패이다. 이는 어떤 시니피앙을 거부하는 것이며 그가 사용하는 시니피앙은 상징화에 이르지 못한다[말을 사회적인 규칙에서 벗어나 사용한다는 의미]. 이렇듯 거절된 시니피앙은 현실계 안으로 회귀하는데, 이때 환각이라는 형식을 취한다. 바로 이것이 정신병이다. 우리는 구조주의의 영향으로 상당히 기계론자가 되어 버린 탓에, 어떤 시니피앙을 배제하는 것이 원초적인 그리고 무조건적인 소여라고 여기게 되었다. 하지만 배제가 존재의 결단이라는 점, 다시 말해서 주체의 지위와 관련된 것이라는 점을 더는 파악하지 못하는 듯하다.[81] 그런 까닭에 광기에는 순수하게 기질적인 것이 전혀 없다. 나아가 주체는 정신병에 빠질 자신의 관여가 필요하다. 그래서 광기는 불가피한 것이 결코 아니다. 여기서 라캉이 말한 "원한다고 광인이 되는 것이 아니다"라는 말을 재발견할 수 있다.

더불어 명확히 망상의 희생물이 되지 않은 우아하게 정신병적인 주체가 존재한다. '백색정신병psychose blanche'이라고 불리는, 발병하지 않은 정신병이다. 이처럼 발병하지 않은 준비 상태régime에서 일생을 보내는 주체도 있다. 그렇다면, 새로운 카테고리인 '보통정신병la psychose ordinaire'을 고찰해 보자.

81　"Sur la leçon des psychoses", *Actes de l'E.C.F.* n° 13, 1987, p. 95.

보통정신병

　먼저, 보통정신병은 임상에서 다룬 것이 아닐지라도 정신의학의 의미에서 임상의 새로운 카테고리는 아니라는 점을 지적해 둔다. 이 카테고리는 질병분류학에 포함되며 밀레의 이름과 연결되어야 함은 확실하다(이를테면 프로이트가 강박신경증을 발명하고 형식화한 것과 같은 이유에서 말이다). 그렇다면 보통정신병의 주요한 특징은 무엇일까?[82]

　오늘날 분석가들은 잠재적으로 정신병이 될 가능성이 있는데도 망상이나 환각을 드러내지 않으며 멜랑콜리하지도 않은 주체가 분석을 요청하는 일에 직면하기도 한다. 그래서 이러한 형태의 주체의 구조화에서 발견되는 무증상적인 특징을 나타내기 위해서 정신병에 '보통'을 덧붙인 것이다. 보통정신병은 1998년 밀레가 제시한 개념으로서 충분한 의의를 띠고서 정신분석 임상에 도입되었다. 밀레는 정식 명칭이 아니었던 '미발병정신병'이나 '백색정신병', 혹은 '차디찬정신병psychose froide'(애매한 증상군으로, 정신병 발견의 계기가 되는 강한 잠재성이 없는 정신병)이라고 부르던 것을 형식화한 것이다. 그리하여 보통정신병은 임상적 정신병(발병이 된 정신병)과는 배치된다. 보통정신병의 개념을 통해, 주체가 확실히 정신병 구조를 갖고 있지만 망상에 사로잡히지 않으며 살아가는 일에 지장이 없는 경우를 이해하게 되었다. 본질적인 점은 정신병에 고유한 주체화의 **결손을 보완할 수 있다**는 점이다. 이러한 점에 동의하지 않는 분석가도 있다. 보통정신병이 드러내는 고유한 특질이 분명하지 않고, 그

82　여기서는 「아르카숑의 대담La conversation d'Arcachon」을 참조하였다. 더 자세한 것은 다음을 보라. Collectif, *La conversation d'Arcachon, cas rares les inclassables de la clinique*, Paris, Agalma, 1997.

들이 보이는 망상이나 불안을 진정시키기 위해서는 약물을 사용할
수밖에 없다고 여기기 때문이다. 예비 면담entretien préliminaire에서 정
신병 구조를 지녔다는 점을 알게 되었다면, 이 증례는 정신과 의사
에게 소개해야 한다는 것이었다. 하지만, 라캉처럼 밀레도 정신질환
자 앞에서 움츠러들면 안 된다고 생각했으며, 결국 정신질환자는 분
석가에 의해 받아들여져야 한다고 생각하였다. 이러한 점은 이미 말
했듯이, 정신질환자도 '주체'를 생산할 수 있음을 함의한다. 주체를
생산하는 것은, 프로이트의 격언을 인용한다면 '주체를 원래 있었던
곳으로 되돌려놓는 일le faire advenir là où c'était'이다. 이러한 이유에서
무의식의 주체를 출현시키기 위해서는 분석경험의 모든 장치가 요
구된다. 그러한 주체는 나타나자마자 바로 사라져 버리기는 하지만,
실책 행위나 말실수, 말해진 꿈[재현몽] 속에서 발견할 수 있다.

그런 까닭에 엄밀하게 말하면 보통정신병은 새로운 임상 단위를
가리키지 않는다. 이 용어를 밀레는 "과거에는 기이한 것extraordinaire
이었던 정신병이 우리에게는 보통의 것이 되었다"[83]라고 설명한다.
'보통ordinaire'이라는 말은 여러 의미로 이해된다. 기성의 질서나 관
습에 합치하는 것, 흔하고 평범한 것 등을 말한다. 즉 정신병이 예외
적인 것이 아니라는 얘기다. 정신질환자는 자기 신체와 조화로운 관
계를 맺지 못한다는 점에서 신경증자와 그다지 다르지 않다. 만약
우리가 정신질환자를 신경증자와 구별해야 한다면, 오히려 신체와
'정상적인' 관계에 있는 쪽은 정신질환자이다. 정신질환자는 '신체
를 파열'하려는 위협에 항시 노출된 사람이다. 그래서 자신의 신체
와 민감하고 직접적인 관계를 맺고 있다.

여기서는 이러한 문제를 자세히 설명할 계제가 아니기에 깊게 들

---

83 *La conversation d'Arcachon, cas rares les inclassables de la clinique*, Paris,
    Agalma, 1997.

어가지는 않을 것이다. 다만 보통정신병의 임상은 본질적으로 접속과 탈접속의 임상이라는 점을 강조할 수 있다. 따라서 이러한 임상은 갈등의 임상, 즉 프로이트의 임상과는 대립적이다. 이 임상은 결합의 임상이지, 대립의 임상이 아니다.[84] 이 임상이 제시하는 분석은 더 이상 증상 해석을 목표로 하지 않으며, 보완의 발명을 목표로 한다. 혹은 주체에게 이미 확립되어 있는 안정화 모드를 지원하는 것을 목표로 삼는다. 가장 중요한 것은 분해délitement[병의 양태를 규정하는 것]를 저지하는 일이다. 이 임상은 경계선장애의 임상을 부정한다. 경계선장애의 임상을 밀레는 아주 '뒤범벅된 것fourre-tout'이라고 생각한다. 경계선장애의 임상에서는 파라노이아와 신경증이 합쳐진다거나, 히스테리와 정신병이 합쳐져서 사람이 완전히 괴물이되어 버린다. 이는 들뢰즈Gilles Deleuze가 말하는 의미에서 이접적 종합synthèses disjonctives이며, 이론 면에서는 상당히 정교하지만 실효성은 없다.

분석경험에서 정동이란

밀레에 따르면, 그리고 프로이트와 라캉의 사유에서, 정동affects[85]은 환경에 대한 직접 매개적인 응답이 전혀 아니다. 이는 정신분석에서 유행하는 것과는 정반대의 사고이다. 정동은 오히려 시니피앙에 의하여 매개되는 것이다. 이 말은 정동이 시니피앙으로 대체된다는 의미가 아니다. 정동이란 언제나 이해될 수 있는 것이다. 즉 정동은 하나의 의미, 시니피에를 가지고 있다. 밀레는 기호의 자의성

---

84 같은 책.

85 "À propos des affects dans l'expérience analytique", *Actes de l'E.C.F.* n° 10, 1986.

모델 위에서 정동의 자의성을 증명하려는 구조주의적인 이데올로기 — 일례로 롤랑 바르트의 저작을 떠올려 보라 — 에 이의를 제기한다. 정동은 감정이 아니다. 감정은 인간 내부의 동물적인 부분과 관련되며, 환경이라는 세계를 향한 우리의 관계와 관련된 것으로 생각할 수 있다. 정동[86]은 주체에 한층 더 관련되며, 표상이나 시니피앙에 대한 우리의 관계에 연결되어 있다.

정신분석은 신체에 대한 시니피앙의 효과를 정확하게 알려 주는 체계이다. 정동은 시니피앙으로 매개되어 간접적인 효과만을 갖는다. 이는 종종 오해를 불러일으키는 근본적인 점으로, 프로이트가 명확히 개진했듯이 정동을 **억압하는** 것은 불가능하다. "나는 나를 향한 혐오감을 억압하고 있다"라거나 "나는 무의식적으로 죄책감을 느낀다"라고 하는 말을 자주 들을 수 있는데, 이렇게 자기 것으로 인식하고 싶지 않은 혐오감, 인정하기 어려운 공포, 나아가 드러나지 않은 죄책감을 출현시키는 것이 분석이라고 생각하기도 한다. 하지만 정동이나 감정을 '억압한다'는 것은 용어상으로 모순이다.

감정이, 정동과 아주 똑같이, 언제나 시니피에 즉 의미를 지닌다는 점을 강조하고자 한다. 감정은 특히 언제나 **의식적**인 것이다. 무의식적인 감정이란 존재하지 않는다는 것은 누구라도 확인할 수 있다. 예를 들어 자신이 기쁘다는 것을 모르고 기쁜 것, 슬픔을 느끼지도 않는데 슬픈 것이 어떻게 가능하겠는가? 정동이 시니피앙으로 매개되어 하나의 관념에 관계한다고 생각해 보자. 즉 그 관념, 그 표상은 거기에 결부된 에너지 양으로부터 분리하는 것이 가능하다. 이러한 에너지의 양이 정동의 또 하나의 측면을 구성하며, 그 양이 우리에

86　정동은 정서의 움직임으로, 사물/대상을 통해서 지각된 것이 아니며, 어떤 것이 억압될 때 (우리는 의식하지 못하지만) 억압되지 않고 남아 있는 정서로서 무의식의 주체에 관계한다고 프로이트나 라캉은 주장한다. 이러한 정서가 어떤 계기(사건)를 통해서 드러날 때 트라우마가 생긴다.—옮긴이

게 정동을 '느끼도록' 해 준다. 그런 까닭으로 정동이 결합된 관념을 억압할 수 있지만, 정동이 갖는 에너지는 쉽게 **자리를 바꾸고**, 이탈하고,[87] 표류하게[88] 되는 것이다.

정동이 자리를 바꿀 수 있는 것이라고 한다면, 정동은 속일 가능성도 있다고 말할 수 있다. 이는 정신분석에서 정동에 관하여 밀레가 주장한 것 가운데 두 번째로 중요한 점이다. 분석을 할 때 생기는 정동은 그대로 받아들여야 하는 것이 아니라, 그것을 **실증하지 않으면 안 된다**. 진리는 사실과 전혀 무관하며, 체계의 가장 깊은 곳에서 그 고유의 참조점을 가지고 있기 때문에 허구의 구조를 갖는다. 정동은 이러한 허구와 관련되지만, 언제나 그런 것은 아니다. 어떠한 경우에도 정동을 신체의 목소리로서 포착하는 것, 즉 그 파롤parole이 영혼에서 출발했다고 포착하는 일이 결코 일어나서는 안 된다[이렇게 포착하는 일이 아주 많이 일어나지만]. 정동은 절대로 확실성의 기호가 될 수 없다. 감정은 거짓말을 한다le senti ment[라캉의 말장난으로, 감정적 느낌을 뜻하는 sentiment을 분절하면 생생한senti 거짓ment(ir)이라는 의미가 되므로 감정이 거짓말이라고 한 것]고 라캉이 일찍이 말한 적이 있다. 단, 불안angoisse만은 예외이다. 예외적으로 불안은 정신분석에서 특별히 독립적인 위치에 있다고 간주된다. 정동은 직접적으로 느낄 수 있는 것이다. 사소한 사건으로 슬픔을 느끼는 일이 자주 있는데, 이는 아주 오래전에 지나간 다른 사건이 정동을 촉발하기 때문인지도 모른다.[89]

밀레에게 정동이 어떠한 것인지를 정리해 보면, 정동은 주체와 관

---

87 같은 글, p. 80.
88 같은 글.
89 어원적으로 정동은 동사인 affecter에서 유래하며, 그 동사의 의미가 다양한데 그중 하나인 '영향받다'에서 과거의 기억을 연상시킨다고 볼 수 있을 것 같다.—옮긴이

계하며, 인간 내부의 동물적인 부분에는 관계하지 않는다고 말할 수 있을 것이다. 정동은 시니피앙과 관계하며, 그래서 언제나 매개되는 것이다. 그런 의미에서 정동은 이동하기는 하지만 결코 억압되지는 않는다. 정동이 가령 심한 거짓말을 할지라도 그건 언제나 의식적인 것이다. 바꾸어 말하면, 정동은 주어진 문화의 영향을 받아서 코드화된 것이다.

정동에 관한 이와 같은 발상은 아주 단순한 것으로, 프로이트의 발상에서 직접 유래한다. 그리고 이러한 발상은 '역전이'에 의존하는 모든 정신분석의 조류에 대항하여 밀레가 추천하는 정신분석의 양상들과 모순되지 않는다. 역전이에 의존하는 정신분석의 조류에 의하면, 분석가는 환자가 말할 때 느끼는 분석가 자신의 정동이나 감정을 고려할 수밖에 없으며, 이를 해석하지 않을 수 없고 나아가서는 이를 분석 주체에게 전달할 수밖에 없다. 그러나 이 경우에 분석가는 자신을 분석하는 셈이다. 정신분석가에게 중요한 것은 공허한 상태état de vacuité, 예상하지 못한 것에 맡기는 선禪의 상태état zen de disponibilité à l'inattendu[90]를 통해서 방향이 결정되는 대로 있어야 한다는 점이다. 분석가는 자신이 지도하는 분석경험 안에서 느낀 정동을 통해서 침입당하고 유도되는 대로 자신을 내맡겨서는 안 된다.

---

90 "La formation de l'analyste", *Revue de la Cause freudienne* n° 52, 2002, p. 13.

증상과 환상

정신분석에 향락jouissance이라는 용어를 도입한 사람은 라캉이다. 이 용어는 임상에서 관찰한 것을 이해하기 위해 도입되었다. 향락은 쾌와 불쾌를 넘어서 존재한다. 쾌를 향락하는 것이 가능하듯 고통을 향락하는 것도 가능하다. 밀레는 증상symptôme과 환상fantasme이 향락을 향한 관계 안에서 서로 연결되어 있음을 강조한다. 이 두 가지는 신경증 주체가 향락하는 두 원천, 즉 두 가지 '향락하는 양상modes de jour'을 띠고 있음을 의미한다. 증상은 고통 안에서 향락을 회복하는 수단이다. 가령 고통을 호소하는 언표 행위는 향락을 회복하는 하나의 수단이다[고통스러운 상황에서 말을 하는 행위를 통해서 향락을 얻는다. 사는 것이 힘들 때, 그 상황에서 힘들다고 하소연하는 행위 자체가 무의식적인 일종의 즐거움을 준다는 것]. 한편, 환상은 주체가 유쾌하게 향락할 수 있게 해 준다. 환상을 통해서 우리의 욕망이 움직여 나가는 것을 발견할 수 있다. 그러나 증상과 환상은 서로 구별되어야 한다. 결국 **환상의 논리**logique du fantasme가 존재하는 것이며, 증상은 **형식적 외피**enveloppe formelle를 가지고 있다.

증상의 형식적 외피

주체가 향락하는 방법으로서 증상은 두 가지 얼굴을 띤다. 증상은 향락과 메시지라는 얼굴을 동시에 가지고 있다. 밀레는 증상의 두 얼굴이 서로 연접되어 있음을 드러낸다. 즉 '메시지를 향유하는 것jouir d'un message'[91]이 어떻게 가능한지를 보여 준다.

---

91 "Reflexions sur l'enveloppe formelle du symptôme", *Actes de l'E.C.F.* n° 9, 1985, p. 42.

증상의 '메시지' 측면부터 알아보자. 증상은 의미를 지닌 것으로, 메시지를 운반하며 주체를 드러내는 암호화된 메시지이다. 이는 마치 주체의 등에 적혀 있어서 주체 자신은 읽을 수 없는 것과 같다. 우리는 이 암호화된 메시지를 해독할 수가 있으며, 이는 분석의 여러 목표 가운데 하나로 간주될 수 있다. 그래서 증상은 해석 가능하고, 정신분석가의 호기심이 증상에서 비롯하기도 한다. 증상은 때로 불평불만이나 요구라는 형식으로 나타난다. 신경증의 주체는 정신분석가에게 해석을, 그 해석의 말인 시니피앙을 요구한다. 그리하여 증상이 운반하는 메시지 — 처음에는 알 수 없고 읽을 수 없으며 번역할 수 없는 메시지 — 의 의미를 주체에 부여한다면, 증상이 소멸한다고 생각할 수 있을 것이다. 그러나 실제로는 전혀 그렇게 되지 않는다. '하나의' 증상에 대한 의미를 주체에게 부여하는 것은 '정관사가 붙은'[일반적이고 보편적인] 의미를 부여하는 것에 지나지 않는다. 하지만 모든 해석학이 보여 주듯이 유일하고 가능한 의미란 존재하지 않는다. 하나의 언표 내용은 다양한 방법으로 해석할 수 있다. 증상에 궁극적인 의미를 부여하기는 불가능하며, 다양한 의미를, 즉 의미 그 자체의 무한성만을 부여할 수 있을 뿐이다. 그런 까닭에 증상을 독해하면, 즉 해석을 수행하고 주체에게 그 증상에 대한 하나의 의미를 전해 준다면 끝이 없는 불명확함의 놀이 안으로 되돌아가게 될 것이다. 그렇게 해서는 증상을 멈출 수 없고, 또한 분석 중에 일시적으로 해석을 향한 열광을, 그리고 마찬가지로 증상을 향한 열광을 유발하는 사태가 빈번하게 일어난다. 이렇게 해석을 향한 열광이 발생하며, 여기에서는 '말해진' 것[해석]들은 상정된supposé 의미를 가질 뿐이다[환자가 말한 모든 것이 의미를 갖는 게 아니며, 프로이트가 꿈의 구성 요소에서 거론하듯이, 말한 것 안에서 의미를 갖는 요소를 알아보는 것이 중요하다]. 예를 들어 분석가가 재채기를 하면 주체는 분석가가 그 행동을 통해 무엇인가를 말하려는 게 아닌가 하고 의심스럽게 여긴다는 것이다. 이런 식으로 우리는 분석가가 우리의 증상 안에 숨겨진 메시지에 대하여 무엇인가를 알고 있다고 상정한다. 결국 모든 파롤, 모든 행위까지도 의미를 담지한다는 가능성이 생기는 것이다.

이 지점에서 막다른 골목에 다다른다. 이러한 진퇴유곡을 통해 우리는 증상이 갖는 '향락'의 측면도 고려하지 않으면 안 된다는 점을 알 수 있다. 어떤 사람이 치료되지 않으려고 기를 쓰고 버틴다면, 다시 말해서 자신의 증상을 그대로 지키려고 한다면, 이는 그 사람이 증상을 향락하고 있기 때문이다. 사람들이 불평불만을 이야기하는 것을 들을 때 우리는 그들이 진정으로 해결책을 찾으려 하지 않는다는 느낌을 받는 경우가 있다. 혹은 그들의 요구가 진정성 없게 느껴지기도 하며, 힘들어하면서도 사실은 불평을 늘어놓는 행위를 즐기는 듯이 보이기도 한다. 이러한 측면에서 향락은 수다스럽고, 주체는 이러한 경향을 즐기는 것에 인색하지 않다. 증상이 갖는 향락의 이러한 측면을 고려하지 않은 것이 프로이트의 약점이기도 했다. 프로이트는 이를 '음성 치료 반응réaction thérapeutique négative'이라는 특징으로 정리했다. 증상이 독해되어 그 증상의 의미가 환자에게 도달할 때, 상기나 치료가 이루어지는 것이 아니라 이러한 음성 치료 반응이 그 증상을 유지하려 하는 것이다. 그래서 증상이 악화되는 경우도 종종 있다. 주체는 분석가와 떨어지지 않으려는 생각 때문에 새로운 증상이 생기기도 하는데, 그래서 주체 자신이 더 악화되었다고 느끼는 상태에 이를 수도 있다고 밀레는 지적한다. 이때 주체는 '향락하기'가 계속되기를 소망하고, 불평불만과 요구를 이야기하는 것으로 되돌아가고 싶어 한다. 밀레는 소외적인 연결, 즉 고통받는 주체에게 분석가가 미칠 수 있는 영향이 이와 같은 점이라고 강조한다. 이것이 그 유명한 전이, 즉 자신이 고통받는 점에 대한 지식을 부여해 줄 수 있을 것 같은 인물을 정열적으로 사랑하기 시작하는 현상이다. 분석 완료에 관한 모든 쟁점은 대체로 '자신의 전이를 청산하는 것liquider son transfert'에 도달하는가 그러지 않는가에 달려 있다. 전이의 청산은 아주 다양한 방법으로 이루어질 수 있지만, 절대로 이루어지지 않는 경우도 있다. 이 점에 대해서는 정신분석의 역사를 참조해야 한다. (여러 원한이 넘쳐나는) 미해결인 채로 남은 전이 관계의 예를 아주 많이 찾아볼 수 있다. 전이는 환자에게 분석가가 될 수 있는 힘을 부여하는 의사과학적인 방법을 알려 주는 것으로, 대단한 개념이라고 말하는 사람도 있다. 어쨌거나 밀레가 이러한(환자를 대면하는 정신분석가에게 과잉된 힘을 부여할 것이 분명한) 전이 현상을 어둠에 방치하지 않았다는 점은 평가받을 가치가 있다. 물론 관건은 이러한 전이, 이 힘을 어떻게 해야 할지 밝히는 일일 터이다. 분석경험에서 전이는 기본적인 도구이며 이는 환자를 위해서 적용되어야 한다.

환상의 논리

환상을 언급할 때 이 말이 일반적으로 지닌 에로틱한 함의가 떠오른다. "당신은 어떤 성적 환상을 가지고 있는가? 환상으로 살아갈 수밖에 없지 않은가?" 잡지 같은 데서 이런 문장을 자주 볼 수 있다. 하지만 정신분석에서 문제시하는 것은 이러한 환상과는 전혀 다르다. 저 질문은 사람들이 환상으로 만들어 낸 상상 버전에 불과하며, 자신의 섹슈얼리티를 작동하려는 에로틱한 이미지를 지시할 뿐이다.

정신분석에서 다루는 환상을 이해하기 위해서는 환상과 증상의 차이를 아는 것이 제일 중요하다. 증상은 '주체가 불평불만을 말하는' 것이다. 반면 환상은 '주체가 스스로 만족하는 장소'이다. 이러한 점에서 밀레는 다음과 같이 말한다. 증상이 있기에 분석에 들어갈 수 있다. 증상은 주체가 견뎌 내기 아주 힘든 것이라서 분석가에게 상담을 받도록 이끈다. 그리고 그 분석은 주체가 구성하는 환상으로 끝난다. 그리하여 분석의 쟁점 가운데 하나인 환상의 횡단을 통해서 분석은 종료하게 된다.

'환상의 횡단'이라는 말이 자주 언급된다. 정신분석에서 이해하는 환상은 언제나 무의식적인 것으로, 문장처럼 구조가 있으며 일종의 문법적 조립montage이라고 할 수 있다. 라캉은 환상의 논리를 다루는 세미나를 주재했고 환상에 관한 마템을 제공했는데 여기서는 이에 관해 상술하지 않겠다. 이 책에서 거론할 것은 주체의 근원적 환상fantasme fondamental으로, 논리적이고 문법적인 방법으로 분절되는 일련의 사항이다. 여기에서 중요한 것은 **주체가 대상**의 위치를 다시 차지한다는 점이며, 능동에서 수동으로 아주 간단히 뛰어넘어 버린다는 점이다. 그래서 분석경험 안에서 환상을 구성하는 점이 관건이 된다. 환상은 글로 쓸 수 있는 것으로, 주체에 고정되어 머무르는 경향이 있다. 이는 환상이 해석되지 않는다는 뜻이다. 환상을 해석할 수 없는 이유는 환상이 다의적이어서가 아니라 고정되어 있어서다. 그리고 주체는 이것을 변화시킬 수 없다. 라캉이 오랫동안 분석의 종결을 환상의 횡단과 관련하여 생각한 것은 이 때문이었다.

주체가 환상에 완전히 만족한다고 할지라도 환상을 고백할 수는 없다. 자신이 향락하는 환상을 표명하면 일종의 수치심을 느끼기 때문이다. 밀레는 증상과 환상이 근본적으로 복잡하게 결합되어 있다는 점을 부각한다. 이는 분석치료의 종결을 환상의 횡단이라고 이해했던 라캉의 교훈을 보여 주는 논점이다. 즉 이러한 관점에서 환상은 하나의 **공리**라고 할 수 있다. 환상은 다양성을 띠지 않으며 해석에 적합하지도 않다. 스스로 어떤 것을 지시하지 않고 분석에서 구성되어야만 한다. 또한 환상은 주체가 만족하는 양상 같은 것으로서 합성되며, 주체의 생활 스타일, 세계관, 고유의 현실에 각인된다. 환상은 주체에게 현실계를 향하여 열린 일종의 창문이다.

환상의 횡단은 밀레가 추천하는 '치료 지침direction de la cure'에서 중요한 요소이다(치료 지침이란, 정신분석가가 환자의 분석경험을 '기법적으로' 유도할 때 채택하는 불가결한 방법을 말한다). 증상을 해석하고 환자에게 상세한 의미를 이해시키는 시니피앙을 부여한다면, 해석의 고정점butée에는 결코 도달하지 못할 것이다. 그러한 방법은 의미 작용에서 의미 작용으로, 즉 대부분 이동과 압축, 은유와 환유로 서서히 변화해 갈 뿐이다. 그 결과 주로 환상을 키우게 된다. 증상에 의미를 부여하면 할수록, 주체는 환상의 움직임에서 쾌락plaisir을 끌어낼 것이다. 이게 바로 그 유명한 '백일몽rêverie diurne'이다.

치료 지침에 관련해서 중요한 것은, 증상에 어떤 식으로든 의미를 부여하는 게 아니라 의미를 주는 것 이외의 해석 양상을 사용하는 것이다. 예를 들어 의미를 생산하는 은유는 중단되어야 한다. 라캉은 "하나의 말을 다른 말로 대체하는 것이 은유의 공식이다"[92]라고 주장한다. 어떤 시니피앙은 다른 하나의 시니피앙에 의하여, 혹은 복수의 다른 시니피앙에 의하여 대리되고, 복수의 의미 작용을 압축한다. 은유는 이동이나 변신을 수행하는데 이는 언어의 능동적인 생생한 측면이다. 은유에서는 어떤 대상이 유사한 관계인 다른 대상에 의하여 지시된다. 예를 들면 '암소의 가죽에 있는 아름다운 꽃, 꽃으로 장식된 아름다운 암소'[93]라는 은유가 있다. 우리는 이것을 '성격 까칠한' 아름다운 소녀라고 해석할 수 있다. '꽃'이라는 말에서 그것이 '소녀'라고 이해한 것이다. '소녀'는 은유의 의미 작용에 따른 결과이다. 이는 다른 편의 의미를 고갈시키는 게 아니라 어떤 의미를 다른 의미로 대체한다.

---

92   "L'instance de la lettre dans l'inconscient", *Écrits*, Editions du Seuil, 1966, p. 507. "Un mot pour un autre, telle est la formule de la métaphore."—옮긴이

93   Jean-Claude Razavet, *De Freud a Lacan. Du roc de la castration au roc de la structure*, De Boeck, Bruxelles, 2000, p. 82.

이러한 은유를 넘어 오히려 우리는 유의미한 분석의 중단scan-sion[분석 섹션을 종료하는 것]을 이용할 수 있다. 바꾸어 말하면 환자가 말한 문장의 세부에서 분석을 중단하는 방법을 사용할 수 있다 [주로 중요한 시점에, 즉 무의식이 드러나는 시니피앙이 언급될 때 그날 분석을 종료하는 것]. 혹은 해석의 신화적 양상을 이용하여, 즉 주체에게 수수께끼 같은 무엇인가를 들을 수 있도록 해석을 부여하고, 언표 내용보다 언표 행위가 우위에 있음을 알도록 해석을 부여한다. 이런 형태의 해석을 가지고 애매함의 놀이를 통해서도 복수 선택지 안에서 의미가 결정될 수도 있지만, 이는 분석 주체에 의해서 이루어져야 한다. 따라서 의미는 미해결, 불확정적인 상태로 남는다. 이점에 대해, 또한 메시지를 향락할 수 있는 가능한 방법에 대해 뒤에서 다시 다룰 것이다. 그에 앞서, 고전적인 해석이 갖는 난점을 해결함으로써, 정신분석에 요구되는 패러다임 변화를 상세하게 설명할 필요가 있다.

이렇듯 증상은 두 얼굴을 가지고 있다. 하나는 형식적 외피[94]로, 이는 메시지의 측면으로 해석할 수 있고 독해 가능한 것이다. 하지만 이 얼굴은 해석 불가능한 '향락의 핵noyau de jouissance'을 내부에 포함하고 있다. 주체가 가장 내밀하게 지닌 것이 향락의 핵으로, 이를테면 주체가 자신의 아주 기묘한 점으로 느끼는 것이다. 나아가 증상의 '향락의 핵'이라는 측면은 밀레의 교육[사상]에서도 국면의 변화를 가져온 부분이다. 이 변화는 그가 최후기의 라캉을 연구할 때 제기될 것이다.

---

94 "Réflexions sur l'enveloppe formelle du symptôme", *Actes de l'E.C.F.* n° 9, 1985, p. 42.

환상의 횡단: 파스

여기서 이야기하는 '횡단traversée'이란 무엇을 뜻할까? 횡단은 가로지르는 대상을 파괴하지 않으면서도 그 너머로 건너가는 것을 말한다. 횡단 중에 그 대상은 그대로 보존된다. 따라서 환상의 횡단은 환상을 소멸하지 않으며 단지 환상의 논리적 구조를 앎으로써 미묘한 이동을 수행하는데, 이는 주체적 위치를 바꿔 놓는다. 환상은 분석할 수 없고, 분해할 수도, 거부할 수도 없다. 인간은 환상에서 절대 벗어날 수 없다. 욕망의 작용인이라고 할 환상 없이 살아갈 사람이 과연 있을까? 환상이 없다면 욕망도 없다. 환상이 가능하다는 것은, 욕망이 한번 충족되고 사라져 다른 욕망이 그 대신 찾아든다는 의미이다. 또한 환상이 한차례 구성되면 그 장소나 성질은 변치 않는다. 환상은 자신의 자리에 머물고 자기 성질을 유지하여 변치 않는 견고한 구조를 이룬다. 우리는 자신이 행동을 했다고 믿지만 실제로는 환상이 행동을 하게 만든 것으로, 수동성, 정열=수난passion, 병리인 경우가 대부분이다. 하지만 일단 환상이 횡단하면 일종의 '진보'가 이루어진다. 환상을 발견하고 그 위치를 가늠하여 위치를 지정할 수 있는 상태에 다다른 것이다. 이렇듯 새로운 위치에 도래하는 것이 가능해지고, 우리의 노예 상태는 경감된다. 우리는 그렇게 함으로써 새로운 '주체'의 모습을 갖게 된다. 이제는 더 이상 종속되는 모습이나 합의에 의한 희생자, 혹은 무의식에 조종당하는 인형의 모습이 아니며, 거리를 둘 수 있는 주체라는 본연의 모습을 갖는다. 환상은 소멸하지 않으며 변화하지 않는다. 그러나 환상은 위치를 가늠하도록 해 주기에 우리는 더 이상 무분별하게 조작당하지 않는 것이다. 그리하여 정신분석은 실제로는 우리를 변화시킬 수 없으며, 분석경험은 열심히 분석을 향하던 주체를 그저 마음 편하게 해 줄 수 있을 뿐이라고 말하는 경우도 있다. 하지만 여기에는 그것[에스Es=이드]

이 개재되어 있다. 환상이 일단 횡단하면, 한층 더 횡단이 이루어지거나 환상과 친해진다. 밀레가 라캉 마지막 시기의 가르침에 매달릴 때, 분석에서 진정 중요하다고 여긴 건 더 이상 환상의 횡단이 아닌 '자기 증상과의 동일화s'identifier à son symptôme'에 도달하는 일이었다.

그러나 여기서는 환상에 관한 분석적 이론의 번잡함 속으로 들어가기보다는, 환상의 횡단을 시도한 — 이것이 우리 분석의 종결 방법이 될 것이다 — 실제 예를 거론하는 것이 바람직하겠다. 이 예는 밀레가 제시한 것으로, 파스의 실패[사례]를 언급하는데, 실패라고는 하지만 우리가 배울 점이 있으므로 문자 그대로의 실패는 아니다. 실제로 파스는 분석의 종결을 더욱 잘 알아보려고 라캉이 상세하게 설명한 절차이다. 밀레는 자신의 논문에서 분석경험을 통해 현저한 변용을 겪은 주체의 증언을 수집하려고 했다. 파스를 구체적으로 설명해 보자. 파스에서는 파스의 후보생 즉 **통과자**passant가 다른 두 사람의 분석 주체 즉 **대행자**passeurs에게 자신의 분석이 어떠한 것이었는지를 증언하게 된다. 대행자는 통과자처럼 자신들의 분석 종결에 가까이 있는 사람이라는 이유로 선택된다. 그렇게 택하는 목적은 이미 파스를 통과한 학파분석가[95]가 통과자의 증언을 판단하는 것을 피하기 위한 것이다. 요컨대 이는 분석가 사이의 권력이나 경쟁 관계라는 문제를 피하기 위함이다. 대행자는 자신들이 청취한 증언을 심사위원에게 전달한다. 밀레가 제시하는 예에서는, 주체가 자신의 근원적인 환상의 위치를 어렴풋이 알고 있음에도 그 환상에 여전히 종속될 수 있음을 알 수 있다. 파스의 절차에서 최종적으로 중

---

95 학파분석가AE, Analyste de l'École란 프로이트 대의파에서 파스를 통과한 분석가에게 3년간 부여하는 타이틀로, 학파에서 가르치는 역할을 담당한다. 그 외의 분석가는 학파회원분석가AME, Analystes membres de l'École라고 불리며, 종종 오해하는 것과 달리 파스를 통과해야만 분석가가 되는 것은 아니다.—옮긴이

요한 것은, 파스의 전개 자체가, 환상을 폭로하는 형식을 통해 환상을 반복할 수 있다[96]는 점이다. 이 수수께끼 같은 파스를 더 잘 이해하려면, 해당 사례를 구체적으로 살펴보아야 한다.

첫 사례는 이러하다.[97] "사례 알파. 마마보이가 여자를 유혹했던 사례이다. 그가 어렸을 때 그의 어머니는 아버지에게 끊임없이 고시랑거렸고, 그는 그 소리를 들으며 잠에 들곤 하였다. 어머니 편이었던 그는 그 모습이, 남편은 부인을 만족시키기에 불충분하다는 걸 보여 준다고 여겨 초조해하였다. 그러나 그는 더 이상 그렇게 생각하지 않게 되었다고 말했다. 그처럼 아버지를 헐뜯는 말투로는 아버지를 바로 움직일 수 없다는 것을 알았기 때문이라고. 그는 배우자를 만족시키는 데 전념하였다. 모든 것이 순조롭게 진행되어 그는 파스를 통과했다. 그런데 모든 것이 순조롭게 진행되었다고 하는 그의 말을 믿어야 할까? 그는 파스 과정에서 왜 학파의 관심을 끌려고 전력을 다했을까? 그리고 카르텔[98] 안에서, 학파를 자신과 잠자리를 같이하는 한 여인으로 취급하는 감정이 불가피하게 생긴 것은 무슨 까닭에서인가?[즉 자신의 사생활을 분석하면서 왜 학파를 의식하게 된 것인가?] 이 파스에는 그를 추동했던 환상이 거칠게 드러나는데[아버지를 괴롭히지 말아야 한다는], 그는 그 환상에서 벗어나지 못한 것이다." 이 주체의 근원적 환상은 기혼 여성의 애인이기를 계속 원하는 것임을 알 수 있다.

다음과 같은 사례도 있다. "사례 베타. 그녀는 부모 중에서 특히 어머니의 기억에 갇혀 있던 죽은 남자 형제와 자신을 동일화하면서 생

---

96 "Portraits de famille", *Revue de la Cause freudienne* nº 42, 1999, p. 41.

97 같은 글, p. 42.

98 라캉이 만든 EFP에서 기초 활동 단위로서 3~5명이 모여 정신분석을 이론적·실천적인 면에서 연구하는 모임. 구성원이 꼭 학파의 회원일 필요는 없고 다른 영역의 전문가도 참여할 수 있는 정신분석 공부 모임이다.—옮긴이

긴 고뇌의 역사를 이야기하였다. 분석 덕분에 그녀는 다시 살아갈 수 있었다. 그녀는 형제의 악몽에서 조금씩 벗어날 필요가 있었고, 그러려면 그녀의 애정 생활을 억누르는 빌려온 남성성과, 그녀의 향락을 언제나 무효화시키던 죽음에서 동시에 벗어나야 했다[그 형제 때문에 남성과 원만하게 관계 맺을 수 없었으므로]. 모든 것이 순조롭게 진행되었다. 그녀는 극복하고 살아남은 것이다. 그녀는 여자인 자신을 재발견하였고 파스를 통과했다. 그러나 모든 것이 순조로웠는데 왜 그녀는 대행자가 걱정할 정도로 슬프고 침울한 상태로 파스에 임했을까? 흔적은 사라졌지만, 그렇다고 하더라도 단지 은폐되어 있었던 것은 아닌지?" 여기서 환상은 강박적인 구조를 분명히 드러낸다. 이 환상은 자신이 죽은 형제였다는 점을 주변 사람들에게 드러내는 것이었다.[환상을 거치면 환상을 유발한 원인에서 완전히 벗어나야 한다. 하지만 이 경우는 원인에 사로잡혀 환상이 원인을 방어하는 것에 불과했다는 이야기이다.]

또한 다음과 같은 사례도 있다. "사례 감마. 그는 26년 전부터 분석가에게 말하고 있다. 세 명의 분석가를 만나 가며 이야기를 하고 있다. 그는 잠시도 지루할 틈이 없었다. 시니피앙 놀이는 그에게 비밀이 아니었다. 그가 이야기를 시작하면 시니피앙은 경쟁적으로 압축되고 대체되었다. 시니피앙은 지치지 않고 다른 시니피앙을 대신하여 대리 표상되었다. 마침내 시니피앙이 중단되면 그는 그 사실에 놀라곤 하였다. 그는 이러한 사실을 알려야겠다고 생각하였다. 그리고 파스를 요청하고 통과하였다. 파스는 종료되었지만, 그는 대행자들에게 새롭게 면담을 요청하였다. 그는 대행자들에게 전화를 걸었다. 그는 또다시 무엇인가를 발견하였고, '대행자들이 그것을 알아챈 것일까?'라고 생각하였다." 이 사례에서도 분명히 강박적 구조가 문제가 된다. 이 환상은 독해의 정열에 연결되어 있으며, 주체는 시니피앙을 음미하면서, 지치지 않고, 그리고 **무한히** 시니피앙에서 의

미를 끌어내는 것을 향락한다.[결국 계속 환상 속에 있다.]

이런 사례도 있다. "사례 델타. 그녀는 아버지와 남자 형제만 사랑하였다. 어머니나 여자 형제에게는 예사로 혐오감을 가지고 이야기하였다. 그녀는 인생에서 남성에게만 가치를 부여하고 여자는 이해하려고 하지 않았다. 그렇기는 해도 자신이 여성이라는 점은 잘 알고 있었다. 그녀는 어떻게 자신이 여성이라는 점을 그토록 쉽게 받아들였을까? 이러한 분리 때문에 그녀는 분석에 이끌렸다. 그녀는 자신이 여성성을 거부하고 있음을 알게 되었다. 그러고는 차츰 달라졌다. 그녀는 분석가 역할을 하게 되었고, 그래서 파스 수행을 요청하였다. 마침내 그녀는 파스를 통과하였다. 우연히 그녀는 남성 대행자와 여성 대행자를 만나게 되었다. 각 대행자가 심사위원에게 보고를 하였는데, 두 대행자가 말하는 그녀는 서로 달랐다. 이 사례를 통해 그녀가 남성 대행자는 사랑하고 여성 대행자는 혐오한다는 점이 밝혀졌다."

이제 결말로, 다음과 같은 사례가 있다. "사례 엡실론. 이는 비밀로 부쳐진 인생을 산 경우다. 그의 가족은 박해를 피해서 숨어 지낼 수밖에 없는 처지였다. 어머니 쪽 숙모의 불미스러운 삶이 늘 문제였다. 그의 욕망은 여성적이라고 간주될 만한 은닉성을 특징으로 하여 나타난 상태였다. 다른 사람 앞에서 뭘 하려고 할 때면 흥미가 생기지 않았고, 그래서 괴로웠다. 분석가에게 갈 때면 벽에 딱 붙어서 가야만 했다. 그를 덮고 있던 어두운 막은 차츰 떨어져 나갔고, 박쥐처럼 살던 그는 더 이상 햇빛을 두려워하지 않았다. 그는 파스에서 자신이 빛을 향한 길에 들어섰다고 말하였다. 이는 아주 설득력이 있어 보였다. 그러나 그가 대행자 두 사람에게 한 모든 발언에서 모호함, 애매함, 은폐하는 스타일이 분명히 드러났으며, 이 점을 통해 그는 어둠 속에서 어떤 희생도 하지 않고 파스를 수행한다고 간주되었다. 이는 도대체 무엇을 말하는 것일까?" 주체가 여기에서 향락하는 것은 분명 속이는 일[감추는 일]에 다름 아니다. 속이는 일은 그의 인생 전체를 특징 지었으며 그가 사는 현실의 인장이었다. 이것이 바로 그의 환상이었던 것이다.[결국 환상을 현실로 그대로 인정한 셈이다. 파스는 환상에서 벗어나는 것인데 그러지 못하는 상태에 있다는 뜻이다.]

이러한 사례들에서 우리는 환상이 인생을 움직이는 단순하고 자그마한 공리라는 점을 이해할 수 있다. 환상 덕분에 우리는 욕망할 수 있으며 심지어 계속해서 '욕망하는 것을 욕망'할 수도 있다. 환상은 향락 및 반복과 관련돼 있으며, 우리가 타자와의 관계에서 취하기 쉬운 모습을 탁월하게 보여 준다. 분석의 목적이 위로jouet가 아니라 환상을 고립시키는 데 있다고 할지라도, 그것만이 문제가 아님을 바로 알게 될 것이다. 파스는 주체가 환상을 고립시켜 그것이 글로 적힐 수 있음을 증언하는 장소로서 오랫동안 유지되었다. 그렇게 해서 파스를 통과하면 주체는 학파분석가라고 명명되어, 이제는 그가 실천가[분석가]가 되는 것이다.

제3장 라캉적 정치

이 장에는 라캉적 정치politique lacanienne라는 제목을 붙였다. 그런데 이 장에서 다루려는 것은 일상적인 의미의 정치, 즉 '권력 행사를 위한 다양한 술책'이라는 약한 의미의 정치가 아니라는 점을 먼저 분명히 밝힌다. 분석경험에서 정치는 전이와 해석과 관련이 있다. 분석가의 노하우에는 정신분석적인 해석을 위해 필요 불가결한 **전술**tactique을 기묘한 방식으로 구성하는 **요령**tact이 수반된다. 이러한 요령은 해석을 낳고 바로 정신분석적 특성이 된다. 다시 말해서 주체에게 영향을 미친다. 전이에 관해 말하자면, 전이는 분석이 이루어지는 기간 전체에서 일어난다. 이는 전이가 **전략**stratégie의 질서 속에서 전개될 수 있다는 점에서 매우 중요하다. 그런 까닭에 적어도 라캉적 오리엔테이션에서는 해석의 전술과 전이의 전략이 정신분석적 정치를 구성한다.

전이와 해석의 효과를 '정치적인 것'이라고 말할 수 있는 이유는, 그것들이 인간이 자신의 위치를 확정하는 방법에 변화를 가져다주기 때문이다. 즉 전이와 해석을 통해서, 주체는 다시 하나의 구조 즉 또 다른 디스쿠르 안에서 살 수 있다. 정신분석에서 디스쿠르는 사회적 유대를 만드는 것이다. 왜냐하면 분석적 디스쿠르라는 간접적인 수단을 통해서 새로운 디스쿠르가 출현하고, 거기에서 새로운 유대가 출현하기 때문이다. 분석가는 자신만의 고유한 정치적 실천을 행하며, 이러한 실천은 주체에게 파룰의 효과를 원칙적으로 가져다 준다. 특히 분석적 행위는 그 자체로 정치적이며, 이 행위는 필연적으로 분석가의 '가장 내밀한' 판단에 호소한다.

이러한 이유로 이 장에서 다루는 임상과 정치의 연관성이 타당하다고 생각한다. 밀레는 이 주제에 주목하여 특별한 강의를 몇 년에 걸쳐서 하고 있으며, 그 강의에 아주 자연스럽게도 '라캉적 정치'라는 제목을 붙였다.

모택동주의에서 정치 회의론으로

일상적인 의미의 정치에 관해서 다음과 같은 점을 분명히 지적할 수 있다. 즉 밀레는 자신이 진보주의자가 아니라고 말하며, 정치에서 진보가 이루어진다고 믿은 적이 없었음을 숨김없이 밝힌다. 이렇게 말하며 밀레는 프로이트나 라캉처럼 정치에 대해 회의론 입장을 취했었다. 그는 "라캉적 의미에서 자유로운 대중주의자populiste는 향락하고 향락하도록 허락하는 자"[99]라고 말한다. 모순어법으로 보일 법한 이 말을 통해 밀레는 자신의 정치적 입장을 정의한다. 젊은 밀레는 60~70년대에 프롤레타리아 좌파의 중심을 이루던 모택동주의자였지만, 그것은 이미 과거의 일이 되어 버렸다. 라캉과 정신분석을 통해 모든 혁명이 환영이라는 점을 배웠기 때문이다. 그렇다면 혁명하려는 욕망은 아주 사라져 버린 걸까? 이 문제에 대하여 그가 2002년에 다음과 같이 말한 것을 보면, 그렇게 믿을 수 있을 듯하다. "우리는 혁명의 시대가 저물어 가는 시절을 살았다. 혁명의 상복

---

99 "La psychanalyse, la cité, les communautés", *Revue de la Cause freudienne* n° 68, 2008, p. 109.

을 입은 것이다. 푸코는 이 점을 예상하고 있었다. 1971년 어느 날 푸
코는 나에게 '혁명은 이제 욕망할 수 있는 것이 아니다'라고 말했다.
나는 이 말에 놀랐다. 전혀 납득할 수 없었기 때문이다. 나는 혁명이
불가능하기에 더욱더 욕망해야 한다고 생각했었다."[100] 1971년에 혁
명을 향한 욕망은 살아 있었다. 혁명이 이전과 비교하여 더는 불가
능하다고 생각했다 할지라도, 혁명이 활기를 띨 근거는 여전히 남아
있었다. 그러나 밀레가 70년대 초반에 분석을 시작했을 때, 이미 그
는 혁명 투쟁에서 완전히 발을 뺀 상태였다. 그 주된 이유는 일련의
혁명의 결과에서 당황스러움을 느껴서였다. 그 결말을 보고 그는 분
석 쪽으로 방향을 틀었다.

오늘날 밀레는 프로이트 대의파의 리더나 파리 8대학 정신분석
학부의 지도자라는 역할을 하지만, 언제나 우리는 그에게서 일종의
전투적인 태도를 발견할 수 있다. 혁명을 향했던 전투적인 태도에
서 정신분석의 '대의大義cause'를 위한 전투로 이행한 셈이다. 이후 그
는 대중에게 정신분석을 전하는 문제에 집중한다. 밀레는 2009년 11
월 자크 라캉 정신분석 대중 대학Université populaire de Psychanalyse Jacques
Lacan을 설립한다. "정신분석은 자랑할 만한 것일 뿐만 아니라 유용
한 활동이다. 비밀스럽지 않고, 거드름 피우지 않고, 속어를 쓰지 않
으며, 꼭 필요한 말만 하고, 위인의 말투나 권위를 내세우는 말투를
쓰지 않으니, 약간의 분별과 민첩함만 갖고 정신분석과 만난다면 대
중은 정신분석의 자세한 전말을 온전히 이해할 수 있을 것이다. 이
를 증명하는 책임이 나에게 있는 걸까? 나의 의무이다! 나는 프랑
스 국민을 위해서 할 수 있는 한 프로이트파의 교육을 실천할 것이
다."[101] 밀레는 특히 라캉파 정신분석의 국제 학파(AMP)를 설립하

---

100 "Lettre claire comme le jour pour les vingt ans de la mort de Jacques Lacan",
     dans *Lettre à l'opinion éclairée*, Paris, Le Seuil, 2002, p. 73.

는 일에 열성을 다했고, 이 학파를 프로이트의 국제 조직으로 유명한 IPA에 경쟁할 수 있도록 만들었다. 남아메리카, 주로 아르헨티나의 스페인계와 브라질의 대중을 공략하기 위한 전략까지 도입했다. 실제로 밀레는 저서 대부분을 스페인어로 출판하고 있다.

정치 무대에서 밀레가 무엇을 하려는지 우리가 예견할 수는 없다. 그는 2000년대 초반에 "프랑스에는 당파가 결여되어 있다. 철학적 당파, 특히 계몽의 당파가 없다"[102]라며 "당파를 만드는 것은 매우 대단한 일일 것이다"[103]라고 썼다. 확실한 점은 정신분석이 주체를 정치에, 특히 해방을 지향하는 정치에 참여하도록 유도하는 듯이 보이지는 않는다는 사실이다. 이는 분명 프로이트가 제시했던 '정치적 불가지론agnosticisme politique' 때문이다. 라캉도 마찬가지로 정치에는 거리를 두었다. 라캉은 자신이 '혁명적 선동자'로 평가받았다고 말한 적이 있는데, 이는 단지 라캉이 '진리의 인간'을 추구한다는 점 때문이었다. 실제로 라캉은 프로이트적 마르크스주의를 언제나 거부했으며, 이를 '해결책 없는 지리멸렬embrouille sans issue'[104]이라고 평했다. 라캉이 혁명을 칭찬하지 않은 건 분명하며, 오히려 혁명의 겉치레와 권력 게임을 지치지 않고 고발하였다. 그는 자신의 가르침인 리얼리즘 안에서 전개하였던 신중함으로 이에 대항하였다. 가령 "무의식이란 정치적인 것"이라고 말할지라도, 정신분석으로서는 정치와 임상이 확실히 연결되어 있다는 점이 중요하였다. 증례별로 한 사람 한 사람의 정치가 중요하며, 이는 '정신분석의 윤리'라는 수단을 통해서만 가능한 것이었다.

---

101   같은 글, p. 69.

102   같은 글, p. 76.

103   같은 글.

104   "Introduction à l'édition allemande des Écrits", *Autres écrits*, p. 555.—옮긴이

정신분석의 윤리

우리는 이미 정신분석이 어떠한 도덕으로도 대체될 수 없고, 모든 사람에게 타당한 어떠한 교훈으로도 대체될 수 없음을 확인하였다. 정신분석은 어떤 윤리, 아주 독특한 윤리만을 가능하게 하는 것이다. 밀레는 라캉을 좇아 이 윤리를 정신분석 임상에 연결한다. 거기서 관건은 복수형의 주체에 관한 윤리가 결코 아니고, 또한 **단수형**의 주체에 관한 윤리도 아니며, **정관사가 붙은** 정신분석의 논리이다. 실제로 이 정신분석의 윤리는 욕망에 관련되어 있다. 특히 정신분석가의 욕망에 관련되어 있다. 라캉에게 정신분석가의 욕망은 그가 내리는 해석을 말한다. 정신분석가는 해석을 목표로 한다. 정신분석가는 좋은 해석을, 즉 정신분석적이라고 말할 수 있는 해석을 부여하기를 욕망한다.

그러나 이뿐만이 아니다. 분석가의 욕망에는 또 다른 측면이 있다. 이 욕망은 분석가 자신의 언표를 넘어선 곳에, 의미를 넘어선 곳에 존재하는 모든 것이다. 따라서 분석가의 욕망은 분석가의 **언표 행위**와 관련돼 있다[내용보다는 해석을 하는 형식적 요소, 무의식이 개입된 행위를 말한다]. 라캉에게 해석과 욕망 사이에 상관성이 있다고 한다면, 밀레는 여기서 한 발 더 들어간다. 결국 밀레는 윤리와 해석을 연결한다. 그리하여 정신분석의 윤리는 '잘 말하는 것bien dire'의 윤리로 귀착한다.

이 윤리에서 문제가 되는 것은 다음과 같다. 우선, 분석 행위를 통해서 창조된 경험 자체가 일반적으로 생각하는 윤리와 대조적으로 가치를 정지시키고, 나아가 가치에 의문을 제기하며, 가치를 의문시하고, 그 가치에 대한 판단을 유보하는 특징을 지닌다. 그럼에도 불구하고 윤리를 말한다는 것이 전대미문의 상황이다.[105] 실제로 우리에게는 철학을 통해서 윤리를 '가치'와 연결하려는 습관이 있다. 그

위에서, 철학은 무엇보다도 먼저 격률을 이용하여, 이 윤리를 **모두에게** 타당한 원칙으로 정립한다. 아리스토텔레스나 스피노자가 그렇게 함으로써 윤리를 보편으로 고양시켰다. 칸트는 '도덕 법칙을 기준으로 삼는 행동을 취해야 한다는 보편화[정언명령]'까지 이 윤리를 밀고 나아갔다.[106] 반면에 분석경험에서는 '특이적인 것'만 관건이 된다. 따라서 철학이 만들어 낸 윤리의 환영과는 반대로, 윤리란 상대적인 것[107]이 되어 버린다. 만약 정신분석의 윤리가 각자에게 기준이 없고 다 다르다고 한다면, 이는 규범적이라고 할 수 없을 것이다. 정신분석의 윤리는 침묵을 지키는 것이며, 명령을 내리지 않고,[108] 교시를 행하지 않는[109] 것이다.

정신분석의 윤리는 '잘 말하는 것'을 통해서, 즉 잘 말하는 것의 윤리를 통해서 구성된다. 그렇다면 이는 무엇에 대하여 말하는 것일까? 여기서 말하는 것이란 파롤 — 정신분석에서 이는 어떤 기능을 수행하지만 동시에 가치가 떨어지는 일이기도 하다 — 이 아니다. 잘 말하는 것은 웅변과는 전혀 관계가 없다. 왜냐하면 말하는 것은, 라캉의 정의에 의하면, **어떤 사실에 기초하는 한** 파롤이기 때문이다. 이는 잘 말하는 것이 멋스럽게 말하는 것beau dire이 아님을 뜻한다. 잘 말하는 것은 분석가의 언표가 아닌 **언표 행위**를 강조하는 것이다. 다시 말해서, 해석의 내용보다는 해석의 형식을 더 중시하는 것이다. 실제로 사람은 자신의 욕망에 관련되지 않고서는 언표 행위를 하지 않는다.

예를 하나 들어 보자. 매주 월요일에 상담을 하러 오는 환자가 있

105   "Pas de clinique sans éthique", Actes de l'E.C.F. n° 5, 1983, p. 29.
106   같은 글.
107   같은 글.
108   같은 글.
109   같은 글.

다. 그는 "이번 주말에 난 아무것도 하지 않았어요"라고 말한다. 몇 개월이 지나도록 이 환자는 주말에 자신이 하고 싶었던 것은 '아무것도 하지 않았다'는 말만 했다. 분석가는 해석을 통해 이러한 언표 행위를 다루려 한다. 분석가는 그에게 묻는다. "아무것도 하지 않았다고요?!" 분석가의 이러한 대응은, 주체가 자신의 무고함을 증명하려는 욕망으로 "나는 아무것도 하지 않았다"라고 말했음을 이해하도록 하기 위한 방법이다. 결국 이는 '그것을 한 것은 내가 아니다'라는 의미이다. 이러한 해석 덕분에 이 분석은 아주 다른 방향으로 전개되었다. 주체는 "나는 아무것도 하지 않았다"라는 표현 뒤에 숨어 있는 죄책감을 인지하게 되었다. 우리는 "안녕하세요!"라는 단순한 말에도 다양한 방식이 있음을 안다. 말을 사용하는 억양을 통해서, 자신의 욕망에 관련된 다양한 내용을 표현할 수 있다. "안녕하세요!"는 따뜻함을 표현할 수도 있고, 상대방을 만나서 좋다는 것을 드러낼 수도 있다. 한편 순전히 의례적인 인상을 주는 식으로 "안녕하세요!"라고 말함으로써 좀 더 차갑게, 어색함을 그대로 드러내기도 한다. 나아가 욕망이 절정에 다다를 정도로 외설적인 "안녕하세요!"가 존재하지 않는다고 말할 수는 없을 것이다. 언표 행위가 욕망처럼 그대로 '적히는s'écrire' 것이 아님을 바로 알 수 있다. 이는 무엇보다 구술 영역에 속한 고유한 특징이다.

분석가의 윤리에서 우리는 "자신의 욕망에 관하여 양보하지 말라"라고 라캉이 말했던 이유를 이해할 수 있다. 정신분석가는 환자의 언표를 인내심을 가지고 해독하려고, 그 의미를 환자에게 그때그때 전해 주려고 그 장소에 있는 것은 아니다. 분석가가 그러한 행위를 하고 시니피에나 언표의 측면에만 머물러 있다면, 우리는 분석경험 안에서 이루어진 한정된 부분만을 손에 넣는 셈이다. 바로 그러한 이유에서, 글로 적힌 것으로는 분석이 불가능하다. 분석가는 자신의 욕망, 즉 분석가의 욕망을 드러내지 않으면 안 된다. 그리고 분석가는 의미 작용-signification 너머에 있는 관련된 점을 언표 행위를 통해서 암시할 수 있다. 이러한 언표 행위는 무시되곤 하는 것, 다시 말해 "아이고, 오! 아? 그래요" 같은 분석가의 반응[110]을 통해서도 이루어진다. 중요한 것은 주체가 문제 삼는 의미에 대해 결정 불능인 채로 있어야 한다는 점이다. 그런 상태여야 분석 주체의 욕망이 가능한 한 열리게 된다. 주체를 긍정법을 통해서 확실하게 결정 불능의, 공백 이외의 어떤 것도 아닌[111] 상태로 둘 필요가 있다. 실제로 '?!'는 윤리의 표지emblème가 될 수 있다[112]고까지 말할 수 있다. 분석경험의 전개 안에서 주체가 이해해야 하는 것은, 주체가 언표하는 것의 의미 너머에서는 욕동적으로 향락하는 양상이 존재한다는 점으로, 이는 의미를 갖지 않으며 주체의 **특이성** 외에는 전혀 각인하지 않는다.

정신분석의 윤리는 — 정신분석의 개념들이 언제나 그러하듯이 — 적어도 두 가지 얼굴을 가지고 있다. 윤리는 '분석가' 측의 윤리를 포함하지만, 그렇다고 '분석 주체' 측의 윤리를 포함하지 않는 것은 아니다. 정신분석가 측에서 그 윤리는 잘 말하기와 관련된 것으로, 분석가 자신의 욕망 없이는 이루어지지 않는다. 그렇다면 분석 주체 측에서는 어떻게 될까? 프로이트나 라캉에 따르면, 분석 주체의 윤리는 "Wo Es war, soll Ich werden" 즉 "그것이 있었던 곳으로 **내가**je 도래하지 않으면 안 된다"로 정식화할 수 있다. 분석 주체는 주체가 도래하도록 노력하지 않으면 안 된다. 왜냐하면, 무의식이란 주체가 없는 지식이기 때문이다. 이러한 지식을 또다시 자신의 것으로 삼고, 우리의 운명을 엮어 가는 반복을 표시하면서, 우리가

---

110   같은 글, p. 30.

111   같은 글.

112   같은 글.

그 반복을 차단할 수 있도록 하는 것이 정신분석에 거는 기대의 전부이다. 우리는 머리가 없는acéphale[113] 욕동을 통해서 반복 강박에 연결되어 있지만, 이 반복 강박의 이유를 알지 못한다. 이 알 수 없는 지식에서 주체가 태어난다. 또한 분석 주체는 스스로를 향락하는 양태를 그대로 끄집어내지 않으면 안 된다. 분석 주체에게는 자신을 주체화해야 할 책무가 있다. 우리의 의사와는 반대로 우리를 움직이는 병적인 반복을 해소하려면, 프로이트가 말하는 욕동적인 '그것ça[에스]'의 장소에 주체가 도래할 필요가 있다. 에스의 장소는 우리를 결정 짓고 우리를 복종시키는 언어의 깊은 곳에서 발견할 수 있다. 이 장소의 유일한 명령은 다음과 같다. 초자아의 명령은 향락을 위하여 작업을 하는 것이고, 어떠한 대가를 치르더라도 우리가 향락을 하도록 한다. 때로는 고뇌 속에서조차 그렇게 행하도록 한다. "이러한 초자아의 명령이 이루어지지 않으면 안 된다. 초자아의 명령은 **향락하라**Jouis!라고 정식화되는 한에서, (……) 증상을 조직화한다. [이러한 초자아의 명령은] 에스가 있었던 장소에, **그것이** 말하던 장소에, **그것이** 향락하던 장소에 **내가** 도달해야 한다고 말하는[정신분석이 분석 주체에게 요구하는] 명령과는 어떤 관계도 없다."[114][라캉에 따르면 Jouis!는 J'ouis로 읽혀 "나는 '예(그렇다)'"를 뜻하며, 이는 초자아의 명령을 수용한다는 의미이다.]

---

113   acéphale은 머리가 없다無頭는 뜻이다. 생각하지 않고 계산하지 않으며 그대로 밀어붙이는, 욕동의 저돌적이고 절대적인 추동력을 라캉이 비유적으로 표현한 것이다. 이는 또한 현실계의 특성이기도 하다. 나아가 욕동은 금지나 위반을 모른다. 오직 만족만을 추구한다.—옮긴이

114   같은 글, p. 31.

정신분석에서는 어떠한 정치가 연역될 수 있는가?

우리 사회에서 정신분석가는 어떤 위치에 있을 수 있을까? 이 질문을 통해 우리는 아이러니하고도 냉소적인 인물인 정신분석가와 마주한다. 바로 아이러니스트ironiste를 가장 잘 체현한 인물인 소크라테스이다. 무지에 대한 진정한 열정을 바탕으로 행동했던 소크라테스는 자신이 아는 것이 없음을 아주 강하게 주장했다. 그는 당시의 교육자들maître에게 그들이 상정하는 지식이 무엇인지 되물으며 무엇이 그들을 고뇌하게 하는지 알기 위해 시간을 보냈다. 소크라테스는 대화 상대인 '현자savant'에게 그들의 그토록 정교한 지식이 수미일관하지 않음을 인정할 수밖에 없도록 강제하는 논술 기법을 가지고 있었다. 지식에는 언제나 구멍이 뚫려 있기에, 어떤 지식의 전문가라고 불리는 인물에게 사실은 그가 그 지식의 주인이 아니라는 점을 인식시키려면 상대의 방편을 공격하기만 해도 충분하다. 이런 의미에서 소크라테스의 역할은 모든 직업이 [그것을 모르는] 풋내기를 속이는 수단에 지나지 않음을 말해 주는 것이었다. 소크라테스는 용기에 관해서는 장군들을 곤혹스럽게 했으며, 미에 대해서는 예술가를 곤혹스럽게 했다고 전해진다. 정신분석가는 의문점을 제시하거나, [분석 주체가 말한 것을] 반복하게 하거나, 이해하지 못하거나 바보 같은 척하는 방법을 써서 아이러니스트라는 위치를 차지한다.[115]

분석을 통해 주체가 발견하게 하려는 것은 다음과 같은 점이다. 주체가 자신의 고유한 동일성이라고 생각하는 것, 즉 내가 '그것'이라고 생각하는 것은 언제나 주체에게 대리 표상되는 시니피앙에 연결

---

115   "La psychanalyse, la cité, les communautés", *Revue de la Cause freudienne*
      n° 68, 2008, p. 109.

되어 있다는 사실이다. 예를 들어, "나는 의사이다" 혹은 "나는 폭행 당하는 여성이다"라는 말은 스스로를 정의하는 방법이 될 수 있다. 이는 라캉 이후의 정신분석에서 '주인 시니피앙signifiant-maître'이라 고 부르는 것이다[S1으로 표기하기도 한다]. 주인 시니피앙은 일종 의 명령이다. 이 시니피앙은 타자나 우리 자신의 눈앞에서 우리를 대리 표상한다. 분석을 통해 환자는 이런 식으로 접촉이라는 외관상 의 성질이 드러난다[시니피앙을 통해서 일단 나를 규정하며 그것이 나를 대리 표상한다는 언어적 접촉]. 분석에서 사람은 단순한 시니 피앙에 관련되는데, 그 시니피앙은 그 자체로서는 진정한 의미를 띠 지 못하며, 한 사회 내부에서 이상理想으로서 가치를 지닌다. 무엇이 의미가 있고 의미가 없는지를 코드화하는 것은 공동체가 결정한다. 실제로 언어가 공동체 내부에서 어떤 의미 작용의 기능을 수행하려 면 최소한의 어떤 것이 공통적으로 존재하지 않으면 안 된다. 그리 하여 시니피앙은 전부가 단순한 외관이며, 그것에 부여되는 의미는 **집단적으로**만 결정된다. 말하자면, [의사소통을 위해서는] 이 의미를 일치시켜야 할 필요가 있는 것이다. 하지만 아주 다른 방식으로 말 할 수도 있다. 우리를 대리 표상하는 시니피앙은 그 자체로는 의미 를 갖지 않는다. 다시 말해서, 정신분석은 사회적 이상을 그 외관의 성질[시니피앙의 물질성]을 통해서 확연하게 보여 준다. 또한, 실재 적인 것un réel[향락의 현실계]과의 관계를 통해서 외관의 성질이 사 회적 이상을 두드러지게 한다. 이러한 정신분석의 입장은 시니컬한 것으로, **향락을 통해서만 진정한 것이 있다**고 주장한다는 점에서 그렇 다.[116] 왜냐하면 외관, 디스쿠르, 그리고 상징계에 대립하는 것은 현 실계이고, 주체의 욕동적인 현실계는 그 주체를 고유하게 향락하도 록 해 주는 양상이기 때문이다.

---

116 같은 글.

그리하여 정신분석에서 주로 권력이 문제가 될 때, 정신분석은 권력의 모든 것이 외관[주인 시니피앙]에 불과한 점을 통해서만 유지된다는 것을 주체가 느끼도록 해 준다. 재판소에 간다면, 판사나 검사, 변호사가 달고 있는 배지를 관찰해 보면 어떤 진리를 알아차릴 수 있다. 이 진리는, 그 장소가 도시[공동체]의 규범이나 법이 상연되는 권력의 장소인 경우일수록, 특히나 거기에 외관이 있다는 진리이다. 그렇다고 한다면, 이처럼 여러 가지 이상을 전복하는 정신분석이 왜 혁명적인 성격을 띠지 않는지를 생각해 볼 수 있다. 밀레에게 하나의 규범을 이루는 것, 그것은 정치적 혁명이 언제나 인식론적인 혁명의 성과라는 점이었다. 예를 들어 프랑스혁명은 계몽주의의 과학적 합리성을 사회에 적용시킨 결과였다고 본다. 과거에 거기에 있었던 것에 외관[명명, 의미]이 나타나자마자 권력은 실추된다. 왕은 더 이상 신성에서 추출된 현실적인 존재로 표현되지 않는다. 사람들이 더 이상 그렇게 믿지 않게 된 것이다. 그러한 것들은 이제 공상, 즉 단지 외관[시니피앙, 말]에 불과한 것이 되어 버렸다. 만약 왕이 현실적인 참조점을 나타내는 시니피에가 전혀 없는 공허한 시니피앙이라고 한다면, 이는 왕이 상징 즉 그 자체로서 필연적이지 않은 권력의 상징에 불과하기 때문이다. 그런 까닭에 왕이라는 시니피앙이 표상하는 것을 없애는 의미로 상징적인 아버지 살해를 수행할 수 있다. 잘 알다시피, 프랑스는 과거에 이러한 '왕의 살해'를 수행했던 사실로 역사에 기록되어 있다. 프랑스는 군주 권력의 외관을 적나라하게 드러냈다고 말할 수도 있을 것이다. 하지만 솔직하게 말하면, [왕과 같은] 권력이 외관을 유지시키고 있으며, 그리하여 권력을 필요로 하는 '욕구'가 상실되지 않았다는 점 역시 사실이다. 이렇듯 어떤 사회에서든 외관을 내파한다는 조건 아래에서도 외관은 피할 수 없다. "다양한 이상은 자의적인 외관이다. (……) 주인 시니피앙은 외관이고, 이는 과학적 이성에서 본다면 언제나 우발적인 것이다. 과학에 의거해 이데올로기를 판단한다면 이는 일종의 상궤를 벗어나는 일탈이며 형태를 이루지 않는다는 사실을 언제나 보여 줄 수 있다."[117]

그리하여 정신분석가는 아이러니스트의 입장에 서고, 정치적 영역에 개입하지 않으려고 신경을 쓰는 것이다. 정신분석가는 외관이 작동해서 끊임없이 그 장소에 남게 하려고 한다. 그가 보호하려는 주체가 외관을 **현실계**와 착각하지 않게끔 하기 위해서다. 치명적인 착각을 일으키지 않으려면, **속은 채**로 있으려는 일종의 노력을 할 수밖에 없다. 라캉은 "속지 않는 자는 방황한다les non-dupes errent"라고 말한 적이 있다. 결국, 마치 외관이 현실인 것처럼 행동하지 않는다면, 즉 외관을 실제의 것으로 취급하지 않는다면 곤란한 입장에 처한다. 권력의 표시는 모두가 외관이고 이는 주인 디스쿠르의 자의성에 입각한 것이라고 생각하는 사람은 지나치게 영악한 사람으로, 그를 광인이라고 할 수 있다. 정신분석가가 권력의 외관에 관련된 것을 아주 잘 이용하려고 한다면 그대로 놔두면 된다. "정신분석가는 기획을 제안하지 않을뿐더러 제안이 가능하지도 않다. 정신분석가가 하는 일은 타자의 제안을 신경 쓰지 않도록 하는 것, 그 제안의 영역이 규정하는 것에 신경을 쓰지 않도록 하는 것이다. 정신분석가는 큰 구상이 없는 아이러니스트로, 타자가 큰 구상에 대하여 말하기를 기다리며, 가능한 한 빨리 그것을 실추시키는 역할을 한다."[118] 정신분석가는 요컨대 무엇도 선택하지 않는 좋은 위치에 있다. 정신분석가는 모든 권력의 막다른 지점을 알고 있기에 좌익도 우익도 아니다. 정신분석가가 얻을 수 있는 정치적 효과는 증례마다 다르게 나타날 수밖에 없다. 중요한 점은 주체 각자가 겪는 분석경험을 완수

---

117 같은 글.
118 같은 글.

하도록 하는 일이다.

이는 정신분석이 사회적인 것에 영향을 주지 않는다는 의미는 아니다. 정신분석은 주체가 고유하게 향락하는 양상에 대해 경계를 설정하는 것을 가능하게 해 주므로 현실에 미치는 영향이 적다고는 결코 말할 수 없다. 주체에게 현실적으로 영향을 주는 만큼, 간접적이기는 하지만 사회적 유대에 대해서도 현실적인 영향을 미친다. '정신분석가의 디스쿠르'는 프로이트 이전에는 없었던 새로운 디스쿠르라고 생각할 수밖에 없다. 이 디스쿠르에 의해 새로운 사회적 유대가 출현할 수 있다. 예를 들면 각성의 효과에 대하여 다음과 같이 말할 수 있다. "정신분석가의 정치적인 영향력은 어떠하다고 할 수 있을까? (……) 분명 그것은 특정한 각성 효과를 가져온다. 어떤 점들에 관한 각성인데, 결국 사회적 이상에 관련된 것, 즉 향락 그리고 잉여 향락의 배분에 관한 각성이다. 그 이상以上은 아니다. 이상理想의 탈신성화는 매우 쉬운 것이다. 말하자면 그것은 정치적인 지혜로, 그 이상以上은 아니라고 말할 수 있다."[119] 정신분석은 일종의 탈이상화dés-idealisation를 유도한다. 정치적 이상이 제시되면 될수록 정신분석은 탈이상화로 흘러가는 셈이다. 밀레는 인생 대부분을 좌익 활동에 바쳤고 68년 5월의 핵심 인물 중 한 사람인 피에르 빅토르 Pierre Victor(베니 레비Benny Levy)[120]의 우군이었지만, 분석의 경험 안에서 그 이상은 확실히 사라져 버렸다.

요약하자면, 권력의 외관은 보호받아야 하는 것으로, 그것은 **향락하는** 것이어야 할 확고한 이유가 있기 때문이다. 이는 확실한 지위에 있는 권력의 외관에 찬성한다는 말이 아니라, 권력의 외관을 필

---

119   같은 글, p. 110.

120   사르트르의 비서로 유명하지만 68년 이후에는 프롤레타리아 극좌파를 대표한다. 본명인 베니 레비보다는 피에르 빅토르로 더 잘 알려져 있다.─옮긴이

수적인 것으로 간주한다는 뜻이다. 이 점은 볼테르 풍의 시니시즘을 규정한다. 볼테르는 인간이 예절을 지키도록 하는 데 신이 필수적인 발명품임을 시사하였다.[121] 사회는 외관을 통하여 최초로 성립하고, 이는 억압 없는 사회, 동일화 없는 사회, 특히 인습 없는 사회는 존재하지 않음을 의미한다. 인습은 불가결한 것이다.[122] 인습이란 달리 말하면 관례이고, 사회 안에서 안정된 전통을 말한다. 흔히 말하듯이, 우리는 각자 자기만의 언어로 말하고 있기 때문에, 서로 소통할 수 있고 이해할 수 있다고 말하는 것은 실로 놀라운 일이다. 정신분석은 이 점에 대하여 시니피앙[123]과 시니피에의 분리를 강조한다. 즉 사람은 자신이 말하고 이야기하는 것에 대해 결코 진정으로 알고

---

121 같은 글, p. 112.

122 같은 글.

123 소쉬르는 언어 기호가 음운론적 성분(청각 이미지)인 시니피앙signifiant 과 개념적 성분(개념)인 시니피에signifié로 구성되며, 그 관계는 자의적이라고 정의한다. 예를 들어, 전화라는 시니피앙은 ☎를 의미하고, 우리가 ☎를 전화라고 부르는 것은 약속이며, 그렇게 부르는 것에는 어떠한 필연성도 없다(=자의적)는 것이다. 이렇듯 소쉬르가 기호의 자의성과 시니피앙과 시니피에 간의 일대일 대응을 강조한다면, 라캉은 하나의 시니피에에 대응하는 복수의 시니피앙이 가능하고, 역으로 하나의 시니피앙에 복수의 시니피에가 대응 가능하다는 점에 주목한다. 특히 후자에 주목하는데 이는 분석경험에서 얻은 것으로, 증상으로 간주할 수 있는 시니피앙이 다양한 의미를 나타내기 때문이다. 라캉은 이러한 언어학적 지식을 전복하여 정신분석에 이용한다. 그리하여 시니피앙의 우위, 그리고 시니피앙과 다른 시니피앙 사이에서 주체가 드러난다고 주장한다. 라캉의 시니피앙은 말, 문장, 담화를 의미하며, 인간이 언어로 표현하는 의미 작용의 기본 요소이다. 라캉은 언어학적 요소에서 이 개념을 전용하여, 정신분석에서 증상이라는 개념을 피분석자의 욕동(무의식)이 드러나는 단초로 보았다. 하나의 시니피앙이 의미를 갖고 다시 그것이 시니피앙이 되어 다른 시니피에를 갖는 것으로, '자유 연상'에서 계속 이어지는 것이 이른바 '시니피앙의 연쇄'이다. 여기서 말하는 '외관'도 시니피앙의 일종이며 이 책 뒤에서 언급하는 S1→S2도 이와 관련되어 있다.—옮긴이

있지 않다. 이는 분석을 [체험]해 보면 바로 알 수 있는 일이다. 모든 분석경험은 마지막에 "그래 그거였어!"라고 말할 수 있도록, 진정으로 말하고 싶었던 것을 이해할 수 있도록 진행된다.

시니피앙은 시니피에를 결정한다. 그리하여 의미 작용의 효과, 즉 시니피에의 생산이라는 효과를 얻기 위해서는 적어도 두 가지 시니피앙이 은유 혹은 환유에 의하여 결합될 필요가 있다. 파롤[말하기] 안에서는 시니피앙 아래로 시니피에가 계속해서 미끄러지며, 시니피에 위로는 시니피앙이 계속 미끄러져 나간다. 그런 까닭으로 은유와 환유는 시니피앙의 주요한 법칙이며, 이러한 법칙 안에 주체가 기록되고 있는 것이다. 직접적인 참조점이 없기에 시니피앙은 시니피에 위에 머물지 못하고 미끄러져만 간다. 따라서 궁극적으로 하나의 말이 고정된 어떤 것을 제대로 지시하지 못하고 미끄러진다. 인습을 가지고 길을 알려 주는 일종의 공동체가 없다면, 우리는 그것이[말이] 무엇을 의미하는지를 알지 못할 것이다. 시니피에에 같은 의미를 갖도록 해 주는 것이 인습이다. 우리는 선입견[고정관념]을 통해서 안정되고 결속된다.[124]

정신분석 임상에서 발견되는 시니피앙과 시니피에의 분리(시니피앙은 언제나 복수의 의미를 부여한다. 예를 들어 "천사이다être ange"라는 말에서는 '기묘한étrange'이라는 발음이 들린다[프랑스어 발음상 같은 발음(시니피앙)으로 들릴 수 있다])는 정치적 보수주의를 정당화해 준다. 시니피앙과 시니피에 사이의 봉합[의미를 확정하는 것]을 결정하는 것은 공동체이다. 이 봉합은 언제나 인위적이고 독재적인 선택으로 이루어지며 이는 변하지 않는다. 진보주의적인 것은 없으며, 오히려 '향락의 리버럴리즘'이라고 할 수 있는 다소 독특한 쾌락주의가 존재한다고 할 수 있을 것이다. 도시의 인습이나 법,

---

124 같은 글.

전통을 손대지 않은 채로 보존하지 않으면 안 되며, 또한 사회 질서에 필요 불가결한 몽매주의가 있어야 한다고 생각하지 않으면 안 된다. "제기해서는 안 될 질문들이 있다. 사회라는 거북이는 하늘을 향해 한번 뒤집으면 다시는 되돌려놓을 수 없다."[125]

문화에서 현실적 난관

현재 우리 문명의 난관인 차별, 인종차별주의의 확대, 민주주의적 평준화, 뭐든 평가하려는 문화, 숫자 숭배 등(다른 요소는 거론하지 않더라도)은 밀레에 따르면 '과학 디스쿠르'에 기인한다. 과학은 보편 법칙을 발견하는 것을 목표로 삼으며, 이제는 어떠한 주체성에서도 독립되어 있다. 그러한 이유에서 과학적 경험은 누가 실험을 하더라도, (그 실험이 규정하는 프로토콜에 맞는 것이라면) 매번 같은 것을 재생산한다. 두 실험자 간의 차이는 실험 전개에 간섭하지 않는 것이다. 또한 이와 같은 실험 방법은 고대와 현대를 가르는 점이라고 생각할 수 있다. 연금술사는 특정한 비의 전수법을 분명히 알고 있고, 이 독특한 주체의 기질에서 기본적인 방식이 나올 것이다. 현대판 연금술사라고 할 수 있는 화학자는 주체를 배제하고 있다. 주체는 상황 속에서 전혀 고려 대상이 되지 못하고 배제되어 있다. 실험 시행자의 자질, 독특한 주체성, 고유한 특징은 이제 중요하지 않다. 이제는 순수한 **객관성**에 이르는 것이 이상이 되어 버렸기 때문이다.

알랭 바디우 같은 오늘날의 초ultra플라톤주의 철학자가 '대상 없는 주체sujet sans objet'를 이상으로 삼는다면, 과학은 오히려 '주체 없는 대상'을 추구한다고 말할 수 있을 것이다. 그리하여 과학은 모든

---

125   같은 글, p. 115.

것을 평준화하고, 각 개인에게 규범을 적용해 모두에게 똑같은 것을 똑같은 방식으로 향락하도록 만드는 경향이 있다고 밀레는 말한다. "이렇게 보편적인 것에 대한 새로운 향락은 과학 디스쿠르에서 비롯하였다. 과학 디스쿠르에서는 어떤 사람에게 가치가 있는 것은 다른 사람에게도 가치가 있다고 말할 수 있고, 보편주의자적 정열과 평등주의자적 정열은 과학 디스쿠르의 산물이기 때문이다. 사회 질서에서 과학적 이성의 요구를 적용하는 것은 분명 아주 위험한 일이다."[126] 실제로 모두가 똑같이 '향락하는 양상'을 받아들이는 것을 목적으로 향락을 보편화하려고 한다면, 이에 반항하는 자는 필연적으로 배제될 것이다. 우리와 같은 방식으로 향락하지 않는 사람들은 '야만인'이 되는 것이다. 이렇듯 인종차별주의le racisme는 절정을 맞이하고 있으며, 이것이 과학의 진보라고 여겨지고 있다.[127] 과학에 의한 상세한 식별 가능성이 증가하면 할수록 사회에는 차별이 더욱 만연할 것이다.

과학적 디스쿠르는 사회 변형에 대한 기술 편향적이고 낙천주의적인 관점을 불러왔다. 과학적 디스쿠르는 생시몽파, 오귀스트 콩트 Auguste Comte, 사회적 기술자들을 낳았다. 그들은 사회가 더 진보할 수 있다고 보고, 인류에게 더 유익한 이상적인 선善을 발견하는 일에 전념했다.[128] 오늘날 이는 시장市場이 이어받고 있다. **결여**를 만드는 사회, 향락이 결여된 사회에서 소비자라는 존재는 더 이상 문제가 되지 않는다. 주체는 충실한 향락을 운반해 줄 대상을 끊임없이 찾

126　같은 글, p. 112.

127　이에 관련해서는 마쓰모토 타쿠야松本卓也의 『향락사회론: 현대 라캉파의 전개享楽社会論: 現代ラカン派の展開』(2018)(국내 번역 출간 예정)에 자세히 서술되어 있다. 과학이라는 미명하에 타자를 배제하는 인종주의적 차별에 대한 분석이 이어진다.—옮긴이

128　같은 글.

고, 그 결여를 환각적으로 메우는 일에 지쳐 있다. 사람들에게 '즉효성'의 만족을 주는 대상들만이 생산되고, 향락에 만족을 주지 못하는 결여만이 생산된다. 그리하여 시장에는 주체가 쾌락을 맛보는 데에만 도움을 주려는 자율 규제의 지식이 마련되어 있다. 규제와 '보이지 않는 손'은 본성상 불공정과 질서의 혼란을 가져옴에도 불구하고, 우리에게 선한 것으로 상정된다. 이는 사실상 새로운 '지식이 상정된 주체Sujet supposé Savoir'인 것이다. 이런 주체는 모호한 채로 머물러 있다. 왜냐하면 그 효과를 확인할 수 있다고 할지라도, 그것이 어떻게 작동하는지를 이해할 수 없기 때문이다. 이는 현대의 새로운 신적 섭리자providence라고 할 수 있다.[129]

이와 같이 끝없는 향락 추구, 즉 어떠한 일이 있어도 향락을 한다는 현대적 명령은 프로이트 시대보다도 더 심각하게 마음을 불편하게 만드는 원천이 되었다. 시장은 향락을 위해 다양한 대상을 제공하며, 모든 사람이 똑같은 것을 동시에 향락하지 않으면 안 된다. 밀레는 시장의 기능과 분석경험을 비교하여 말한다. 분석경험에 참여한 사람은 철저히 예외적인 존재가 되어, 다른 누구와도 닮지 않은 특이성을 실현할 수 있다. 민주주의적인 평준화는 아주 멋진 것일 수 있겠지만, 예외적인 에로티시즘으로 대체될 수는 없다.[130] 여기서도 또다시 외관을 마땅히 있어야 할 자리에 두지 않으면 안 된다. 즉 그것[외관]을 사용하면서 그것[외관]을 인식하지 못하게 되는 것이다.

---

129 같은 글, p. 118.
130 같은 글.

욕망은 정치로 회귀하는가?

대중 앞에 나서기를 삼갔던 밀레는 2000년대 초반에 그런 습성에서 벗어난다. 인지주의에 대응하는 신중한 전투를 이끌기 위해서였다. '행복하게 살기 위해서는 조용히 살아야 한다.' 이것이 정신분석가의 표어였다. 하지만 이 표어는 더 이상 지킬 수 없었다. 자신의 직업 활동 범위 안에 갇혀 지내는 것은 사실 정신분석가로서는 견디기 힘든 일이었다. 왜냐하면 아주 단순하게, 직업 활동 범위라는 것이 더 이상 존재하지 않았기 때문이다. 요컨대 정신분석가는 공적인 논전에 참여하지 않을 수 없었기 때문이다.[131] 당시 추세는 정신분석을 시대에 뒤처진 것으로 치부해 폐기하려고 했으며, 특히 정신분석은 인지 행동 요법과 같은 신속하고 효율적인 효과를 발휘하지 못한다고 말하고 있었다. 밀레는 다양한 포럼을 조직하는 데 골몰하였고, 그러한 포럼에서 "욕망은 정치에 회귀한다"라고 선언하기에 이른다. 라캉적 정치에서 가능한 일이 아주 적을지라도, 이 전투는 분명히 정치적인 것이라고 말할 수 있다. 이는 어떻게 보더라도 전투적 태도를 향한 회귀로, 이번에는 혁명을 위한 것이 아니라 프로이트의 '대의'를 위한 것이었다.

현재 시점[2010년]에서 밀레는 진짜 이데올로기 전쟁에 몰두하고 있다. 이 전쟁은 한편으로는 인간 존재를 모든 측면에서 지배하기를 더욱더 요구하는 수치지상주의자나 인지주의자들에 맞서는 것이며, 다른 한편으로는 도처에서 수량화를 내세워 정복하려는 사람들에도 맞서는 것이다. 숫자에 열광하는 것은 과학이 아니다. 과학이 기괴하게 왜곡된 모습일 뿐이다.[132] 숫자의 독재와 수치로 평가하는

---

131 *Libération*, 19 jan 2008.
132 같은 책.

문화는, 측정할 수 없거나 경험적으로 관찰 가능하지 않은 것을 마치 존재하지 않는 것처럼 취급한다. 이와 같은 이데올로기의 배경에는 사람들을 관리하려는 의지가 팽배하다. 역사상 최초로 인간의 정신 건강을 관리하려는 의지가 등장한 것이다. 우리는 정신 건강이라는 개념이 제기하는 문제점을 이미 확인하였다. 정신 건강 개념이 문제인 이유는, 정신 현상의 분야에서 건강하고 좋은 상태를 정의하는 규범이 존재한다는 것을 함축하고 있기 때문이다. 이는 인지주의cognitivisme의 기만일 뿐이다. 다시 말해서, 인지주의란 인간을 정보를 취급하는 기계와 유사하다고 보는 신념[133]이며, 이러한 인지주의에는 정신분석을 향한 분명한 공격이 수반된다. 이런 의미에서 인지주의는 주체의 성격이나 특징, 인격을 두개골의 관찰과 측정을 통해 결정하는 프란츠 갈의 골상학으로 회귀하는 것이다.

따라서 인지주의는 사유를 연장延長과 동등하게 취급하는 통속적인 유물론이다. 인지주의는 측정 목록과 통계학적 조작으로 사유의 전모를 알 수 있다고 생각한다. 그리하여 노동자를 평가하고 생산성을 높이려면 어떻게 하면 좋을지를 쉽게 알 수 있다는 것이다. 회사 내부의 감사를 통해서 노동자를 실험실의 쥐를 보듯 관찰하고, 노동자 각각의 행동을 확대하여 하나하나 기술하면 그만이다. 그래서 최종적으로 가장 많은 생산성을 기록한 노동자의 특징을 찾아내면 된다. 그리고 이 특징을 표준화해서 모든 노동자에게 부과하기만 하면 된다. 임금 노동자는 주형鑄型에 갇혀 주어진 임무를 위해서만 나아가도록 되어 있는 것이다. 여기에서 그들의 특이성이나 독창성은 박탈된다. 자율성은 더 이상 존재하지 않는다. 인지주의는 사람의 정신 건강 분야에서 이와 동일한 일을 행하고 있는 셈이다. 이러한 정신 건강의 관점에서는 숫자를 영혼에 불어넣는 것이 관건이다. 숫자

133　같은 책.

가 좋으면 더할 나위가 없다. 행동, 설문 조사 항목의 수, 신체 운동, 분비, 뉴런, 자기공명에 나타난 색깔이 중요할 뿐이다. 고심하여 획득한 데이터는 이른바 모든 심적 과정과 유사한 것이 되어 버린다. 하지만 이러한 심적 과정이라는 것은 실체가 아니며, 사고를 손으로 헤아릴 수 있다는 공상에 지나지 않는다. 간단히 말하면, 숫자로 표시되어 과학적 분위기를 풍기지만 그건 헛소리에 불과하다. 그리하여 이런 식으로 유행하는 디스쿠르에는 잡동사니 같은 비유가 침투되어 있다. 기계를 생산하고 조작함으로써 현대인은 자신이 일종의 기계가 되었다고 상상하면서 흐뭇해한다.[134]

밀레는 더 공격적으로 나아간다. 인지주의는 새로운 존재론, 즉 존재를 생각하는 새로운 방법이라고 말한다. 이러한 존재론이 간단히 유포되고 아주 큰 찬동을 얻게 된다면, 그것이 우리 서양 문명의 지형에서 친화적인 것이 될 수도 있기 때문이다. 다시 말해서, 이 존재론은 아주 심오한 어떤 것, 존재론적인 변동, 즉 존재와 우리가 맺는 관계가 변형되었음을 나타내기 때문이다. 숫자가 존재를 보장하는 셈이다. 그러면 정신분석 역시 숫자에 입각할 텐데, 이는 숫자로 나타낸 메시지를 의미한다. 정신분석은 파롤의 모호성을 활용하게 될 것이다.[135]

정신분석이 대면할 숫자[암호]는 하나의 열쇠라고 생각해야 할 것이다. 정보처리에서 패스워드를 부호화할 때 쓰는 방식을 떠올려도 좋겠다. 이 패스워드를 풀어내는 복잡한 알고리즘은 비밀로 지켜지며, 이것 없이는 패스워드를 해독할 수 없게 되어 있다. 마찬가지로 제2차 세계대전에서 수학자들은 적이 메시지를 암호화할 수 있는 코드를 무효화시키는 데 힘을 쏟았다. 반면에 현대 실증주의자의

---

134 같은 책.
135 같은 책.

화신이라 할 만한 인지주의자에게 숫자는 단순한 통계학적 상관관계의 결과에 지나지 않는다. 그리하여 숫자는 투명하며 교차된 데이터를 단번에 설명해 준다고 사람들은 생각한다. 이러한 이유에서 정신분석은 인지주의와 대립한다. 정신분석은 인지주의를 용납할 수 없는 것이다.[136] 실증주의자는 현실을 양적인 방법에 비춰서 보지만, 정신분석은 그 안에 수수께끼 같은 것을 도입한다. 정신분석은 계측되는 것이 전부인 그러한 방향성에 잠겨 있는 과학만능주의를 고발한다. 이런 의미에서 밀레가 변호하는 정신분석은 인간 과학에서 지배적인 이데올로기를 제대로 전복했다고 말할 수 있다.

---

136   같은 책.

제4장 현실계를 향하여

자크 알랭 밀레는 최근 15년간[1995~2010] 분석 이론에 크게 공헌하였다. 그 공헌의 하나는 자크 라캉의 마지막 시기의 가르침을 끌어내어 제시한 점이다. 이 작업은 라캉이 그때까지 구축해 온 모든 것을 재고하는 방향으로 나아간다. 이를 가리켜 밀레는 "이것은 라캉 대 라캉Lacan contre Lacan이다"라고 말한다. 라캉의 마지막 가르침을 진지하게 받아들이는 사람은 소수이다. 많은 사람들은 스승 라캉이 매듭 놀이에 함몰되어 망상에 빠졌기에 마지막 가르침은 쓸모없는 것이 되었다고 생각하였다. 이렇게 생각하는 사람들은 '마지막 라캉'이라는 졸작에 일부러 수고를 들일 필요가 없다고 여긴다. 물론 밀레가 라캉 마지막 시기의 가르침을 진지하게 받아들인 유일한 인물이라는 말은 아니다. 하지만 그는 일종의 새로운 정신분석 실천을 라캉 마지막 시기의 가르침에서 도출하였다. 라캉 저작의 마지막 부분을 다루어 이를 정리하지 않는다면, 누구도 ─ 혹은 대다수가 ─ 거기에서 귀중한 것을 이해하지 못하리라고 말할 수 있다.

실제로 밀레는 마지막 시기의 라캉을 통해서 정신분석이 나아가야 할 **현실계를 향한 방향성**을 제시하였다. 현실계로 향하는 방향타를 쥔 것이다. 이는 무엇을 의미할까? 정신분석에 고유한 현실계를 제시하고, 현전시키고, 가시화하여, 접촉하도록 함으로써 조작 가능하게 만드는 것[137]을 의미한다. 이제 더 이상, 외관(상상계나 상징계)을 구성하는 것만이 중요한 것이 아니라는 말이다. 라캉은 **상상적인 것, 상징적인 것, 실재적인 것**을 임상에서 발견하고 그 카테고리를 발명하였다. 이 세 가지는 삼위일체를 구성하고, 세 가지 질서는 서로 연결되어 있었다. 상상계는 의미 영역에 속하는 모든 것이고, 상징계는 구조이며, 현실계는 이 두 가지 질서에서 벗어나는 모든 것을 말한다. 그리하여 상징적 시스템 안에서는 현실계를 이해하거나 붙잡을 수도 없다. 현실계는 외관에서 벗어나는 것이고, 그러하기에 현실계에 호소해야만 한다. 이러한 현실계를 향하여 나아가는 방향성은 신경증, 정신병, 도착이라는 고전적인 질환 분류를 부분적으로 다시 묻게 만든다. 또한 보다 일반적인 이론 안에서 이 고전적인 질환 분류를 포섭하려는 새로운 카테고리화가 이루어진다는 점도 확인할 수가 있을 것이다. 후기 라캉이 보여 주었듯, 현실계에 초점을 맞추는 것은 향락하는 것으로서 신체를 전면에 부각하는 일이다. 이는 사고의 역사 안에서 들어 보지 못한 실체를 도입하는 것을 의미한다. 이러한 실체는 철학이 사고할 수 없는 것으로, 정신분석의 고유한 향락을 말한다.

정신분석에서 패러다임 변화

라캉은 프로이트의 논문을 번역[138]한 후에 프로이트의 사고라는 정글을 프랑스식 정원처럼 다듬어, 더 추상적인 구조론적 이론을 구축하였다. 그러나 마지막에는 그 이론을 **해체**하기에 이른다. 일종의

137　"Le réel est sans loi", *Revue de la Cause freudienne* n° 49, 2001, p. 8.
138　라캉이 1932년 프로이트의 논문 「질투, 파라노이아, 동성애에 나타나는 신경증의 메커니즘에 대하여」를 번역한 것을 말한다.―옮긴이

'유체적 정신분석psychanalyse liquide'[139]으로 이행한 것이다. 실제로 상
징적인 것이라는 카테고리는 [상징계의] 우위에서 [상징계의] 하락
으로 이행한다.[140] 오랫동안 파롤은 '구제salut'의 유일한 방식이었고,
그 목표는 '꽉 찬 말parole pleine'[무의식이 드러나거나 암시하는 말]을
손에 넣는 것이었다. 그러나 후기 라캉의 가르침에서는 "파롤은 기
생적이고, 암이나 감염, 오염과 같은 가치"[141]를 갖는다고 말한다. 여
기에서 우리는 확실한 '의미의 하락'[142]을 목도할 수 있다.

정신분석에서 밀레의 이와 같은 완벽한 방향 전환은 2000~2001
년 강의였던 '장소와 유대Le lieu et le lien'를 통해서 이루어졌다. 이때
밀레는 후기 라캉 독해에서 추출했던 "현실계에는 법이 없다Le réel
est sans loi"라는 테제를 전면에 부각하였다. 밀레에 의한 후기 라캉 독
해는 그 밑바탕에서 무의식이라는 개념조차 영향을 받을 수밖에 없
었다. 그 이후 사람들은 지식과 현실계를 분리해 버린다. 달리 말한
다면, 이제 현실계에는 지식도 존재하지 않는다고 생각하는 것이다.
현실계는 소문자라는 형식 아래, 즉 수학적 형식으로는 더 이상 표
기될 수 없게 되었다. 나아가 '이성적인 것은 모두 현실적이며, 현실
적인 것은 모두 이성적이다'라고 생각할 수 없게 되었다. 그리하여
우리는 정신분석의 개념 모두를 완전히 새롭게 재고再考하기에 이르
렀다. 밀레의 말에 따르면, 라캉은 분명히 인생 최후기까지 '라캉 대
라캉'을 수행해 나갔던 가장 고독한 사상가 중 한 사람이었다. 결국
라캉은 자신이 전개한 가르침을 모두 탈구축할 정도로까지 자신의

---

139 밀레의 용어로, 그는 상징계가 제시하는 의미를 추구하는 것을 '고체적
    정신분석psychanalyse solide'이라고 정의하고, 반면에 파롤에서 의미를 추구
    하지 않는 분석 경향을 유체적 정신분석이라고 규정한다.—옮긴이
140 같은 글.
141 같은 글.
142 같은 글.

교리doctrine를 문자 그대로 폭파해 버린 것이다.

이후 밀레는 현실계로 향하는, 즉 현실계를 선호하는[143] 방향성을 띤다. 이는 정신분석을 모든 의미 작용을 넘어선 곳에 있는, 의미의 외부 영역에 설정하는 것이다. 우리가 자주 믿는 것과 다르게, 분석이 이루어지고 있을 때 의미를 발견하거나 독해하는 것이 중요하지 않음을 밀레는 분명히 밝힌다. 과거의 심적 외상을 재구성하려고 심적 외상을 조사하는 일조차도 하지 않는다. 또한 환상을 자신의 핵심으로 대체하지도 않으며, 분석 주체가 환상에서 자신의 인생의 공리를 발견하고 그것을 받아들여서 환상을 횡단하게 하려고 하지도 않는다. 그러나 상징계의 의미, 지식의 의미를 포기하고서 살아가는 사람에게 고유한 향락 즉 욕동의 현실계에서의 의미를 받아들이는 것은 중요하다. 이는 지식의 노고에 도전하는 것인 한에서, 현실계의 패러다임이다.[144] 바로 예상할 수 있듯이, 이 점은 모든 임상과 분석의 실천에 영향을 끼치며 분석경험을 이끌어 가는 방법 자체에도 영향을 끼치고 있다. 왜냐하면 고전적으로 분석은 해석을 한 후에, 즉 메시지를 독해하고 의미를 산출하는 것에 입각해 이루어지는데, 이러한 분석의 지위가 근본적으로 변화했음을 분명히 보여 주기 때문이다. 이제는 법의 외부, 의미의 외부가 강조된다. 그다음에 목표로 삼아야 하는 것은 상식을 벗어난insensé 것이다.

---

143   같은 글, p. 10.
144   같은 글.

의미와 실재적인 것(현실계)의 분리

　현실계와 의미 사이에는 확고부동한 간격이 있다. 이 간격은 라캉의 마지막 가르침에 나타나며, 진리에 관한 새로운 구상의 근거가 되고 있다. 라캉이 정신분석의 탐구를 분명히 진리의 탐구로 정의함과 동시에, 진리는 허구의 구조를 띤다고 말할 수 있었던 이유가 여기에 있다. 이때 라캉은 현실계와 혼동되지 않는 범주에서 진리를 다룬 것이다. 진리와 의미가 사실의 질서에 속하지 않는 것은 이러한 이유에서다.[145] 그리하여 정신분석이 어째서 모든 논리실증주의와 그토록 양립할 수 없는지를 알 수 있을 것이다. 정신분석에서 언어는 더 이상 사실을 묘사하는 것이 아니며, 현실계는 시니피앙이나 개념, 혹은 구조로 포착되는 것에서 완전히 벗어나 있다. 현실계는 상상될 수도, 지각될 수도 없다. 현실계와 의미 사이에는 균열이 있고, 시니피에 자체는 시니피앙과 떨어져 있다. 하나의 형식이나 한 가지 음의 진동을 통해서 사태의 모든 의미를 한 번에 결정적으로 고정하는 일은 결코 일어나지 않는다. 상징계를 향하던 과거의 분석 방향성은 은유와 환유의 축을 따라서 이루어졌다. 그리하여 시니피앙에 의한 시니피에의 중층결정이 여전히 강조되어 있었다. 여기서 은유는 의미를 부여하는 의미 생산자였다. 한편, 환유는 시니피앙이 미끄러져 나감으로써 복수의 의미를 갖도록 해 주었다. 증상은 은유와 관련되고 암호로 적힌 것이었다. 욕망은 당연히 환유적 특성을 띠고 있기에, 어떤 대상에서 다른 대상으로 끝없이 미끄러져 나아가는 것이었다.

　반면에 정신분석의 새로운 패러다임에서는 '의미론적 단절coupure sémantique'이 도입됨을 관찰할 수 있다. 궁극적으로 시니피에인 의미

145　"L'appareil à psychanalyser", *Quarto* n° 64, 1998. p. 9.

는 시니피앙의 물질성과는 아무 관계가 없다. 의미와 현실계의 차이를 반영하는 이 의미론적 단절을 받아들이면, 실제적으로 의미와 현실계 사이에서 구조적인 공통점이 하나도 없다는 사실을 알게 된다.[146] 의미론적 질서 안에서 다양한 단위로 나뉘어 절단되는 것은 문제가 아니다. 여기에서는 언제나 **연속체**continuum가 관련되어 있다. 외관semblant[147]이 만들어지지 않는다면, 의미론적 요소 안에서 절단은 결코 일어나지 않는다. 사태를 보지 못하게 하는 요소들이 언제나 존재하고, 이해란 최종적으로는 만족의 문제인 것이다.[148] 설령 시니피앙이 시니피에에 붙어서 의미를 만들어 낸다고 믿을 수 있을지라도, 그러한 일은 허구 내지 인공물[환상]에 지나지 않는다. 따라서 이제는 시니피앙과 시니피에는 근원적으로 분리된 것으로 생각하지 않으면 안 된다. 이러한 점은 상식에 반한 것이고, 또한 실증주의 입장에 반대되는 완전한 전복이라고 할 수 있다. 이제 의미는 현실적인 어떤 참조 항에 입각하지 않으며, 의미는 인공물에 지나지 않는다. 주어진 공동체가 어떤 의미에 동의한다는 이유만으로 '공통의 의미'가 되는 선le bien이 간단히 가능한 것이다. 어떤 표현의 의미가 역사 속에서 변화하면서 약 2세기가 지나면 완전히 반대의 사태를 가리키는 것은 이러한 이유에서다.

사물이 이름을 갖고 있다는 환영을 부추기는 것은 이러한 기능에 기인한다. 라캉은 이를 '아버지의 이름Nom-du-père'이라고 불렀다. 아

---

146 같은 글.
147 앞에서 semblant이 이미 거론되었지만, semblant의 사전적 의미는 '가장', '겉치레', '외관', '외형' 등으로 어떤 사람이나 사물의 외부 양태를 가리키며 réel에 반대된다. 라캉은 이를 전용하여, 사람의 어떤 감정/느낌의 양태를 규정하는 것, 즉 말로서 규정하거나 명명한 말(le dit, le signifiant)을 일컬었다. 다시 말해, 어떤 사태를 말로 명명한 시니피앙을 의미한다.—옮긴이
148 같은 글.

버지의 이름이란, 다양한 이름을 갖는 아버지를 대신하는 기능을 갖는 것을 말한다. 이 기능은 의미와 현실계를 연결해 주는 것으로, 서양 사회에서 상징적 기능이 아버지의 기능과 동일시된다는 점을 간파한 라캉의 관찰에서 유래하였다. 주체를 언어의 법에 묶어 둘 수 있는 것은 바로 이 기능 때문이다(다만 이 법은 일반적으로 이해되는 실정법으로서의 법이 아니다[149]). 하지만 라캉이 이 '아버지 법'의 기능에 그다지 만족했던 것은 아니다.

이와 같은 기능은 시니피앙과 시니피에를 연결하도록 해 주지만, 라캉은 이 기능 안에서 그가 디스쿠르의 구조라고 부르게 될 것을 발견한다. 사람이 디스쿠르 안에 있을 때에는 시니피앙과 시니피에가 균형을 잡고 있는데, 최종적으로 그 뿌리는 사회적 유대에 기초한다. 함께 살아가고 서로 이야기함으로써 시니피앙과 시니피에가 균형을 이루는 것이다.[150] 예를 들면, 책은 읽어 나가면서 의미가 명료해지고 마지막 페이지에 이르면 그 책에 대해 언제나 더 나은 이해에 다다른다. 그런 일이 이 책에 대해서도 벌어진다면 좋을 것이다. 다시 말해서 이해, 그리고 시니피앙과 시니피에의 일치, 의미와 현실계의 일치는 공동체와 관련된 사항이다. 제2기의 비트겐슈타인이 말하듯이, 이해하기 위해서는 실천을 공유하고 생의 형식을 공유하지 않으면 안 된다.

그런 까닭에, 시니피앙과 시니피에 사이에 간격이 있는 것과 마찬가지로 의미와 현실계 사이에도 간격이 있다. 하지만 분석경험은 우리가 보아 온 것처럼 외관(그것의 외부에는 참조 항을 갖지 않은)에 입각하고 있다. 이는 다음과 같은 문제를 제기한다. 분석가가 환자

---

149 라캉이 말하는 '아버지 법'에서 법이란 상징계가 말하는 법으로, 우리가 피할 수 없는 것이다. 하지만 실정법에서 법은 자기가 책임만 지겠다고 하면 법을 어기고 그 대가를 치르면 되는 것이다.—옮긴이
150 같은 글.

에 대해서 발생시킬 수 있는 최종적인 의미가 존재하지 않고, 주체에게 궁극의 의미를 갖도록 독해되어야 할 메시지도 존재하지 않는다면, 환자의 동일성과 욕망에 관하여 생기는 의문에 대한 해답은 무엇일까? 그렇다면 정신분석에 주어진 이 새로운 전망 속에서 분석가에게 남겨진 일은 무엇일까? 이는 어떤 의미에서 지식의 문제로서, 정신분석이 사기인가 아닌가 하는 문제이다. 당연히 라캉도 이 문제를 생각한 적이 있다. 그는 정신분석은 일종의 사기라고 말한다.[151] 그런 까닭으로 여기에 진짜 문제가 개입되어 있다. 바로 현실계와 의미의 이율배반에 관한 문제이다. 즉, 무엇이든 그 자체로는 의미를 갖지 못한다는 것, 파롤이란 고양이가 그르렁거리며 목청을 울리는 정도에 불과하다는 것, 우리는 그저 향락을 맛보기 위해 말할 뿐이며 생은 의미를 갖지 못한다는 것. 분석 주체는 이러한 것들을 그저 받아들여야만 할까? 이는 적어도 정신분석에 관한 비극적인 전망일 것이다.

만약 현실계가 의미를 완전히 배제한다고 해도, 여기에는 증상이라는 예외가 있다. 증상은 현실계에서 의미를 갖는 진정 유일한 것이다.[152] 지금까지 외관을 가지고 분석 작업을 수행한 분석가는 현실계를 또다시 발견하게 되는데, 이러한 현실계에 도달하도록 해 주는 것이 바로 증상이다. 이렇게 볼 때 증상은 현실계를 통해서 결여된 지식을 보충해 주는 것이라고 말할 수 있다. 신체에 끼치는 시니피앙의 영향력을 이해하게 해 주는 것은 아주 개별적인 증상이다. 증상은 주체가 지닌 가장 실재적인 것으로, 스스로 향락하는 양태를 띤다. 증상은 언제나 우발적이고 불확실한 만남을 통해서만 구성된다. 이는 각자의 만남이다. 다양한 존재와의 만남이거나 말과의

---

151   같은 글, p. 14.
152   같은 글.

만남, 어떤 결합과의 만남일 수 있다. 그러니까 **여타의 것**et caetera에 관여되어 있는 것이다. 이러한 것들은 향락하는 양태를 조건 짓는 다.[153] 의미를 현실계에서 분리하고, 현실계 안에 쓰여 있는 것을 발 견하게 해 줄 지식이 일절 존재하지 않는다면, [과거에 생각했었던] 무의식이 지닌 상호 전달적인 모형에서 이탈한다는 점을 생각해 보 아야 한다. 무의식은 더 이상 메시지를 만들어 내지 않는다. 무의식 은 주체가 알 수 없는 메시지를 일절 숨기고 있지 않다. 그리하여 우 리는 우리 자신의 무의식을 욕동에 적합한 수준에서, 향락 배치의 수준에서 또다시 발견하게 된다.

의미 작용에서 향락으로

1990년부터 2000년 초에 걸쳐서 밀레는 증상에 관한 사고방식을 쇄신하고 증상의 만족 양상을 밝히는 일에 전념하였다. 그 결과 증 상은 의미 작용의 도래avènement de signification라기보다는 오히려 '신체 라는 사건événement de corps'으로서 중시되었다. 이는 분석실천에서 커 다란 중요성을 갖는다. 특히 해석에 관련하여 그러하다. 실제로 증 상의 의미를 독해하는 것, 그리고 그 의미를 환자에게 알려 주는 것 은 이제 문제가 되지 않는다. 증상은 특히 신체에 관련된 국면, 즉 순 수한 향락이라는 성향의 얼굴을 갖게 되었다. 의미 생산자로서의 언 어의 메커니즘에 더 이상 중요성을 부여하지 않게 되었고, 이후에는 머리가 없는 것, 의미의 외부에 있는 것으로서 욕동이 강조된 것이 다.[154] 이는 정신분석에서 전례가 없는 전회이며, 후기 라캉의 가르 침을 참조했기에 가능한 일이었다. 그리하여 우리는 라캉의 언어학

---

153 같은 글.
154 같은 글.

적인 구조주의에서 벗어날 수 있게 되었다. 서로 갈라져 있던 증상과 환상이 결합으로 이행하였다. [증상과 환상이라는] 이원론에서 [증상=셍톰sinthome[155]이라는] 일원론으로 이행한 것이다. 증상은 의미 작용의 주요한 기반이었으며, 다른 한편 환상은 만족에 관련된다는 점을 기억할 것이다. 하지만 이제는 그러한 의미 작용 안에서 만족이라는 점이 관건이 되었다. 요컨대 후기 라캉의 가르침이 지시하는 방향성은 의미 작용과 만족이라는 이원론을 능가하는 탁월한 시도였다. 다시 말해서 그 방향성으로 의미 작용과 만족 사이의 등가성이 확립되었다. 이것이 바로 향락jouissance이라는 말이 즐기는 것joui과 의미sens라는 두 가지로 분해되면서 생겨나는 '위트'의 가치이다.[156] [분석에서 의미를 배제하는 듯 보이지만, 프랑스어에서 주이상스라는 말을 분해해 보면 '즐기는 것'과 '의미'가 모두 들어 있다. 결국 주이상스에도 의미가 내재한다는 뜻이다.] 또한 바로 이것이 증상과 환상을 결합하기 위해서 만들어질 **셍톰**이라는 개념이다.

신체라는 사건

최후기 라캉의 관점에서 증상은 다음과 같이 재정의할 수 있다. "내가[밀레가] 내세우고자 하는 신체라는 사건으로서의 증상에 대한 정

---

155 sinthome은 symptôme(증상)의 고어古語이다. 본문에서 말하듯 증상이 암호화된 메시지로서 해석의 대상이었다면, 후기에 이르러 라캉은 증상이 그 자체로 향락을 가져다준다는 점을 강조하여 이를 sinthome으로 표현하였다. 또한 환자가 분석가를 찾아올 때 가지고 있었던 증상을 증상 1(symptôme)로 본다면, 분석을 거쳐서 증상 1을 직시하여 이해하고 난 후에 (환상을 횡단한 후에) 변환된 증상을 증상 2라고 할 수 있는데 이를 sinthome 으로 명명한 것이다. ─ 옮긴이

156 "Biologie lacanienne et événement de corps", *Revue de la Cause freudienne* n°44, 2000, p. 23.

의는 필연적으로 그리고 불가피하게 향락으로 구성되어 있다."[157] 그 이후에 증상은 주로 향락으로, 욕동에 대한 대리만족으로 규정될 수 있다. 증상은 욕동의 만족이라는 의미에서 향락으로 구성되어 있으며, 향락은 신체를 통해서 구현된다. 또한 형식으로서의 신체, 더 정확히 말해 하나의 양태modalité로서의 신체, 삶의 양상mode으로서의 신체를 고려하지 않고서는 증상을 생각할 수가 없다.[158] 이러한 이유에서 우리는 증상을 '신체라는 사건'으로 정의하는 것을 이해할 수 있다. 이러한 정의는 의미 작용의 도래로 정의했던 증상과는 반대되는 기능을 한다. 이렇듯 신체라는 사건으로 증상을 정의하는 입장에서는 그 해석이 더욱 관건이 된다. 이제 증상은 독해되어야 할 은유가 아니기 때문이다. 다시 말해서, 신체라는 사건으로서 증상은 향락에 관련되어 있다. 또한 이 향락은 의미의 외부에 자리한 현실계에 있으며, 이는 그 자체가 시니피앙의 구조 자체에서 벗어나 있음을 뜻한다.

이러한 위상을 갖는 증상은 무의식에서 벗어난désabonné 주체와 관련되어 있다. 증상은 더 이상 무의식의 생성물이 아니다. 우리는 의미 면에서 아주 가변적으로 상정될 뿐인 지식을 가지게 된다. 한편 향락 면에서 우리는 신체라는 사건과 마주한다. 일반적으로 증상symptôme이라고 일컬었던 것은 무의식의 생성물이었고 철저하게 시니피앙적인 것이었다. 밀레가 우리에게 말하는 바에 따르면, 라캉이 생톰이라고 표현한 것은 무의식의 생성물이 아니라, 현실계를 향해서 방향을 잡고 분석 최후의 시점에 생겨난 증상의 잔여물이다. 생톰은 이제 암호화된 의미 작용이라는 것을 감추고 있지 않으며, 이제 머리 없이[욕동] 향락하는 양태이다. 이는 정신분석의 끝에서 마

---

157 같은 글, p. 18.
158 같은 글.

지막으로 나타나는 증상인 셈이다. 치료할 수 없는 것이며, 현실계에 내포된 것이다. 또한 증상에 고유한 향락만을 드러낸다. 이 향락은 의미가 배제되어 있기에, 주체에게는 불투명한 채로 남아 있는 향락이다. 그래서 그 향락을 말해 주는 말[언어]은 존재하지 않으며, 이를 적을 수 있는 형식조차 존재하지 않는다[말해질 수도, 적힐 수도 없는 것이다].

따라서 분석적 장치에 들어갈 때 일명 증상이 존재한다. 이는 시니피앙적인 분절화[말로 이야기된]를 거친 증상이다. 분석을 시작할 때 만나는 증상은 현실계 안의 지식과 연결되어 있다. 분석경험은 이 증상의 제거를 수행하지만 그렇다고 결코 완전한 제거는 아니다. 무의식을 탐험하는 시기와 무의식의 생성물이 산출되는 시기가 있었고, 증상은 이 시기에 의미를 갖고 독해될 수가 있었다. 하지만 여기서 잔여가 생기는데, 이것이 셍톰의 특이점이다. 에스[욕동]는 여기서 누군가를 상대로 말하고 있는 것이 아니다. 이를테면 에스는 혼자서 욕동의 순수한 만족을 노리고 말을 한다. 모든 소통을 목표로 말하는 것이다.

밀레의 증상론에 따르면, 분석은 이제 무의식을 해석, 독해하는 것을 중시하는 무의식의 디스쿠르를 넘어서 더 근원적인 것을 겨냥해야 한다. 즉 분석은 우리를 좌로 우로 몰아가는 각종 우연[159]을 적나라하게 드러내고 복원하려고 노력해야 한다. 우리는 우리의 운명에 낙인을 찍는 여러 사건을 체험하며 살아왔다. 그렇게 인생을 단락지어 준 사건에서 생겨난 점을 거듭 자기 것으로 삼아야 한다. 그랬을 때 모든 일에 대해 '왜 그랬던 거지?'라고 묻지 않고 우발적인 사건으로 받아들이게 된다.

---

159 "Nous sommes poussés par des hazards à droit et à gauche", *Revue de la Cause freudienne* n° 71, 2009, p. 71.

실재적 무의식

라캉은 구조주의와 언어학을 이용하여 프로이트의 무의식이 언어와 같이 구조화되어 있다는 점을 보여 주었다. 이 테제는 유명하여 여전히 위력을 발휘하고 있다. 하지만 라캉 자신은 이 입장에 머무르지 않았다. 왜냐하면 이후에 상징적 무의식 즉 프로이트의 전이적 무의식inconscient transférentiel 이외에도 사람들은 실재적 무의식inconscient réel을 가지고 있다고 생각했기 때문이다. 실재적 무의식은 일종의 소급 효과로서 라캉적 무의식이라고 이름 붙일 수 있다.

프로이트적 무의식은 언어와 같이 구조화되어 있다. 이는 상징적인 것이며, 무의식-구조[구조로서의 무의식]이다. 프로이트의 무의식은 메시지를 비장하고 있는데, 이 메시지는 이를 운반하는 주체에게 암호화되어 있다. 해석이라는 간접적인 수단을 통해서 우리는 이 메시지에 의미를 부여하고 그것을 독해할 수 있었다. 하지만 지금까지 보았던 것처럼 이 해석은 어디에선가 막다른 지점에 다다른다. 한 의미에서 다른 의미로 미끄러져 나가고, 여기에 의미를 멈추게 하는 장치가 없다는 말이다. 어쨌든 이는 분석을 해석적인 것으로, 해석의 과학으로 간주하는 구상이었다. 분명 상징적인 면과 함께 암호화된 메시지의 측면이 있는 증상은 그 자체로는 의미를 벗어난 향락의 측면 역시 가지고 있다. 여기에 하나의 현실계, 즉 의미의 외부에 있는 것, 상식을 벗어난 비非구조적인 것이 존재한다. 바로 이것을 라캉이 **말하는 존재**parlêtre라고 불렀던 것이다. 라캉에게 말하는 존재는 무의식을 가리키는 새로운 명칭이다. 이를테면 실재적 무의식이라는 명칭인 셈이다.

분석경험이 상징계를 통해서 방향이 정해져 진행될 때 진리는 상징계에서 추출할 수 있었다. 사람들은 증상이나 꿈, 실책 행위, 말실수 속에서 의미를 발견할 수 있었다. 분석 과정 마지막에는 이 진리로부터 하나의 지식이 구성된다고 생각했으며, 이를 전달하는 일이 목표가 되었다. 우리의 경험을 결정하는 것을 여기서 사후적으로 알 수 있었던 것이다. 그러나 이러한 진리 모두가 허위일 수 있다는 사실 속에서 막다른 골목이 있었던 셈이다. 시니피앙에 대하여 시니피에 즉 의미가 부여되기 위해서는 지금까지 보아 온 것처럼, 우리가 속한 공동체에서 부여한 동의가 필요했기 때문에 상징 질서 안에서 모든 것은 외관[말]에 불과하였다. 시니피앙과 시니피에 사이, 즉 말과 의미 사이를 가깝게 해서 결정적인 것으로 만들고 단번에 모든 것을 가능하도록 고정해 주는 점이 존재하지 않기 때문이다. 이를 보여 주는 좋은 예가 사전이다. 사전은 주어진 역사적 시점 안에서 사용된 말의 의미를 고정해 주는 것이기에 그렇다. 모든 진리는 허구의 구조를 가지고 있으며, 말의 단순한 사용법을 통해서 실재적인 참조점에 도달하는 것은 우리에게 애당초 불가능한 일이다. 말은 언제나 한 의미에서 다른 의미로 미끄러져 나간다. 이러한 이유로 실재적 무의식을 향한 방향성에서는 아주 다른 방식으로 전개되어 나간다. 즉 의미를 이탈했던 시니피앙과, 어떤 것도 의미하지 않는 말이 문제가 된다. 하지만 이것들은 우리의 향락의 질서에 속하는, 즉 현실계에 속하는 무엇인가를 고정해 준다.

　분석경험이 진행되는 동안 분석 주체는 의미를 향한 정열에 이끌려 행동하는 시기를 맞는다. 이때 분석 주체는 자신에게 감추어져 있다고 스스로 믿는 가정적 진리를 찾으려고 한다. 이렇듯 자신에게 뭔가 의미가 있다는 전제에서 출발하면, 모든 것이 분석 주체에게 의미를 갖는다. 분석 주체는 자신의 꿈이나 말실수, 무의식의 생성물을 해석하게 된다. 무의식의 생성물은 분석 주체에게 연결되고, 그를 이런저런 의미로 이끌어 간다. 분석 주체는 자신의 언어로 애매한 것들의 의미를 고정하려고 할 것이다. 그러나 이러한 정열은 그리 확실치 않은 결과를 가져올 뿐이다[의미가 확연하지 않거나 수

궁할 수가 없다]. 즉 모든 것을 독해하려는 의지가 고갈된다고 할 수 있다. 이렇게 해서 무엇인가를 의미하는 파롤에서 순수한 잡담bla-bla이라는 파롤로 이행한다. 이 잡담은 고양이가 그르렁거리는 소리처럼 아무것도 의미하지 않는다. 말하는 사람에게 그저 잡담을 통해 **향락**을 가능하게 해 줄 뿐이다[발화 행위 자체만으로 말하는 사람은 향락을 하고 있는 것이다. 우리가 흔히 하고 듣는, "이렇게 말이라도 하니 속이 시원하다"라는 말을 생각해 보자]. 사람들은 말하기를 통해서 향락한다. 또한 이러한 향락은 **신체**의 수준에서 일어난다. 프로이트적 무의식은 어떤 의미를 지닌 것으로, 해석되어야 하는 무의식이었다. 그런데 이러한 의미와 해석은 현실계의 용어에서는 사라진다.[160] 따라서 이제 문제가 되는 것은 미궁, 소용돌이, 혼란이라고 부를 수 있는 현실계이며, 이는 분석에서 탐구할 영역으로 제시된다.[161]

라캉에게서 상징계의 패러다임이 쇠퇴한 까닭은 그가 의미의 외부라는 현실계를 향하여 나아갔기 때문이다. 분석경험 그 자체의 과정 중 일어난 일에서 착상을 얻은 것이다. 무의식이 언어와 같이 구조화되어 있다는 테제는, 그것이 더 이상 통용되지 않아야만 무효화할 수가 있다. 결국 상징적 무의식에 관한 작업[의미화나 해석 작업]은 이제 분석경험의 한 계기에 지나지 않음을 이해할 수 있다. 라캉은 상징적 무의식에서 실재적 무의식으로 패러다임을 변경했지만, 이전의 패러다임을 버린 것이 아니라 오히려 이전 패러다임도 병합하였다(빗대어 말하자면, 아인슈타인의 일반 상대성 이론이 뉴턴의 중력 이론을 무효라 하며 시대에 뒤처진 것으로 취급하지 않은 점과 같다. 일반 상대성 이론은 중력 이론을 포용하며 그것을 더 발전할 수

160　"Tout le monde délire", *Revue de la Cause freudienne* n° 67, 2007, p. 134.
161　같은 글.

있게 해 주었다).

분석경험은 현실계를 향한 이러한 방향성 안에서 훨씬 더 앞으로 나아간다. 해석의 위상도 이제부터 달라질 것이다. 분석가의 실천도 더 이상 이전과 같지 않다. 분석가는 분석 종료 시점에서 적합하게 예상할 만한 사태를 이제 전혀 다른 사태로 고찰해야 할 것이다.

정신분석적 해석에 대한 새로운 귀결

정신분석가의 주 기능이 해석이라는 점은 변함이 없다. 해석은 의심할 여지 없이 분석가의 욕망을 구성하는 것이다. 상징적 무의식, 즉 언어와 같이 구조화되어 있고 고유한 논리를 갖는 무의식은 분석 주체가 알지 못하는 지식을 가져다준다는 점에서 중요했다. 여기에 해석이 갖는 양상이 함축되어 있다. 결국 해석은 무엇인가를 **폭로**하는 것이다. 이런 관점에서 무의식은 외부 장소에서 선취된 시니피앙으로 구성된 디스쿠르, 즉 가족이나 주변 사회에서 온 디스쿠르이다. 이 시니피앙의 저장고는 언제나 '대타자'에서 오는 것으로, 무의식을 필연적으로 형태로 만드는 장소이기도 하다. 이 장소는 하나의 전체성을 형성하며, 우리는 그 안에서 우리의 욕망과 향락에 대해 결론을 말해 줄 수 있는 시니피앙을, 즉 우리 존재의 궁극적 본질 — 우리의 현재 모습이라는 주체의 최종적인 동일성 — 을 말해 줄 수 있는 시니피앙을 환각적으로 발견할 수 있다. 이러한 광맥 안에서 해석이란, 분석 주체가 그 시니피앙에 접근하도록 기여하는 것이다. 왜냐하면 시니피앙은 분석 주체를 벗어나므로 분석 주체 혼자서는 시니피앙의 의미를 읽어 낼 수 없기 때문이다.

그리하여 [과거에는] 소크라테스 식의 산파술이 중요했다. 분석가는 때가 되면 어떤 지식(스스로 진리라고 칭하는 지식)을 얻을 수 있었다. 이런 수준의 해석은 단지 불완전한 지식 안에서 균열된 구명을 회복시키는 것을 목적으로 한다. 이를 통해 주체는 스스로의 역사에서 검열이 이루어진 장[162][무의식]을 다시 자신의 것으로 만들 수 있었다. 이렇게 검열하였던 장은 분석 주체의 지식에 구멍을 만들었다. 분석가는 환자에게 의미를 제공하고, 증상만이 아니라 환상도 구성할 수 있도록 해 주는 것이다. 한편, 현실계를 향한 방향성에서는 전혀 다른 것이 중요해진다. 이 방향성에서 정신분석가가 목표로 삼는 것은 더 이상 의미가 아니라 의미의 외부 그 자체le hors-sens comme tel이다.

소크라테스의 산파술에 이어서 참조한 것은 헤겔이었다. 이때 참조한 목적은 완전히 다른 데 있었다. 요컨대 승인reconnaissance이라는 문제 계열이 중시되었다. 분석 주체의 파롤의 흐름과 자유 연상 안에서 충실한 말parole pleine을 찾아내어, 이를 분석 주체에게 승인하도록 하는 것이 중요했다. 이 충실한 말 안에서 분석 주체가 흡족하게 승인[인정]하게 되는 것이다. 분석 주체는 자기 이야기를 할 때, 현실적으로 자기에 대하여 말해야만 한다. 그렇게 함으로써 분석 주체가 최종적으로 진정한 욕망을 승인하는 것이 가능해진다. 실제로 라캉에게 '인간의 욕망은 대타자의 욕망'이었다. 라캉은 알렉상드르 코제브Alexandre Kojève에 의한 헤겔 독해를 이용하는데, 이 독해의 중심은 주인과 노예의 변증법, 즉 순수한 위신을 걸고서 죽음에 이르는 투쟁이다. 인간은 대타자의 욕망을 욕망하고, 그의 승인을 욕망한다고 라캉은 말한다. 이때 목표로 삼는 것이 바로 이러한 승인이었다.

그러나 상징적 무의식에 관련된 이런 식의 해석은 분석 주체에게

---

162 *Écrits*, p. 259. 'le chapitre censuré de son histoire'는 무의식에 대한 유명한 표현이다. 무의식이 빈칸이나 거짓말로 표시되어 채워진 검열된 장이며, 진리는 이런 식으로 재발견된다고 말하고 있다.—옮긴이

신탁의 가치[분석가의 해석]를 부여한다. 이 해석에는 어떤 메시지가 존재하고, 그 메시지는 분석 주체가 말한 것[이야기] 속에 감춰진 것을 들을 수 있게 해 준다. 이 '말한 것'은 주체에게 언제나 하나의 수수께끼로서 나타난다. 신탁 그 자체가 그리스의 피티아Pythia[163]의 경우에 그랬듯이 메시지를 수수께끼와 같은 형식으로 전달한다. 이러한 해석은 의미를 주입하는 기능을 하지만, 의미는 그 자체로 애매한 것이다. 그래서 주체는 이를 해독하려고 노력하지 않을 수 없다. 그런 까닭에 신탁의 형식을 취하는데, 이러한 형태의 해석이 갖는 애매함은 주체에게 한 가지 의미를 부여할 수 없으며, 이번에는 주체가 스스로 분석가의 해석을 해석하도록 끌어간다. 이 경우 확실히 분석 주체가 분석 작업에 참여하게 되지만, 애석하게도 막다른 길목에 다다른다. 설령 이러한 작업이 분석경험에 불가결한 계기라고 할지라도 피할 방법이 없는 것이다.

이와 같은 구상에 기반한 해석에서는 의미가 주입될 수밖에 없다. 또한 궁극적인 의미[해석]가 존재하지 않기에 논의가 무한히 이루어질 뿐이다. 결국 어떠한 의미에도 결정적인 진리의 가치를 할당할 수 없다. 가능한 의미에 복수성이 존재할 경우, 진리라는 것은 존재하지 않는 것이다. 그리하여 진리는 시니피앙과 그 의미의 효과로서 포착되지 않으며, 진리는 의미의 외부를 향하여 끊임없이 자리를 옮겨 간다. 이러한 애매함은 모두 파롤이 속이는 것이라는 사실, 파롤은 언제나 다른 방식으로 청취된다는 사실을 알려 준다. 또한 다른 방식은 분석 주체의 사고를 명확하게 하기보다는 오히려 의혹의 심연을 열어젖히곤 한다.

그런 까닭에 해석의 다른 길, 해석의 다른 양태를 찾지 않으면 안 된다. 이제는 직접적으로 의미의 외부, 향락의 현실계를 목표로 삼

---

163   델포이에서 아폴론의 신탁을 받아 전하는 여사제.—옮긴이

는 해석을 겨냥해야 한다. 이 해석은 더 이상 '의미 작용의 도래'를 생산하기 위한 것이 아닌, '신체라는 사건'을 생산하기 위한 것이다. 이때 실재적 무의식이 나타난다. 즉 신체를, 다시 말해 신체에 관한 언어의 효과를 강조하는 것이다. 인간은 말하는 존재라는 병자malade d'être parlant이며, 그리하여 그 자체가 자연을 거스르는 존재이다. 인간은 더 이상 자연적 환경과 조화로운 관계가 아니다. 홀로 방치된 아이와도 같아서, 누구도 말을 걸어 주지 않고 얼마 지나지 않아 쇠약해질 것이다. 인간은 이웃과 소통하려고 언어를 사용한다고 믿지만, 종국에 이르면 인간의 파롤은 언제나 자폐적인 것이 되고 만다. [과거에] 말하는 존재에게 시니피앙은 함께 살아가는 사람을 서로 연결해 주었지만, 모든 파롤은 [이제] 향락에 봉사한다. 실재적 무의식에서는 상징계를 넘어서 욕동적인 적인 것이 우위에 있고, 언어와 구조보다 신체가 우위에 있다.

해석 시대의 종언

밀레는 해석이 더 이상 프로이트나 라캉 시대처럼 수행되어서는 안 된다고 생각한다. 그렇다면 오늘날의 분석가는 무엇을 수행해야 하는가? 이 의문에 밀레는 망설임 없이 이렇게 대답한다. "분석가는 말하지 않으며, 해석하지 않지 않는다. 침묵해야 한다."[164] 이 말은 어떤 의미에서 해석의 필연적인 쇠퇴를 촉구하는 것이다. 하지만 이는 초보적인 독해일 뿐으로, 이러한 읽기에 머물러서는 안 된다. 밀레가 쓰는 방식이 언제나 그렇듯이, 그의 주장이나 테제에는 다양한 측면이 담겨 있다. 분석가가 침묵해야 한다는 말은 침묵이 분석가를 한층 더 현전케 한다는 뜻이며, 또한 분석가가 내뱉는 어떤 말들이

---

164   "Le plus-de-dire", *Revue de la Cause freudienne* n° 30, 1995, p. 5.

더 가치를 갖게 됨을 의미한다[언어가 수동적인 결핍이 아니라, 적극적이고 능동적인 힘으로 작용한다는 의미이다]. 말라르메를 따른다면, '말하는 사람의 소멸'[165]과 '침묵하는 현전화'[166]를 상기할 수 있을 것이다. 하지만 분석가에게 침묵을 요구하는 이 테제에 대한 다른 사태를 이해하지 않으면 안 된다. 그리하여 밀레는 그의 테제를 명확히 하려고, "무의식이 해석한다L'inconscient interprète"라고 주장한다. 이 말은 무엇을 의미할까? 먼저 정신분석에서의 증상에 대한 그의 생각을 되돌아볼 필요가 있다. 증상에는 수수께끼 같은 측면이 있었다. 즉 증상은 주체에 기입된 암호로서 분석가의 도움 없이는 읽어 낼 수가 없는 것이었다. 그래서 증상은 해석학의 대상이 되며, 번역을 필요로 하였다. 하지만 향락의 측면도 가지고 있다. 이미 살펴보았듯이, 향락의 측면은 무엇으로든 대체 불가능하며, 어떠한 해석에도 저항을 한다. 또한 분석이 종결되면 잔여물로 남는다. 이는 보완되어야 할 요소였다. 그러나 해석을 해서 증상에 의미를 부여하면 할수록 환상은 한층 더 증식할 것이다. 그리하여 증상이 해소되길 기대하면 할수록 환상을 하나의 순수한 공리로 환원하는 것이 불가능해진다. 그러하기에 분석가는 침묵을 해야 한다고 밀레는 말하는 것이다. 하지만 침묵을 해야 한다는 말이 자신[분석가]의 욕망을 드러내서는 안 된다는 의미는 아니다. 분석가로서 존재하기를 바란다면, [그의 해석은] 행위가 되어야 한다. 이 점이 그 유명한 '분석적 행위acte analytique'이다. 물론 아주 수다스러운 해석을 통해서 그 자체의 다의적인 의미를 필요 이상으로 부여해서는 안 된다. 설령 그렇게 하더라도 분석가는 분석 주체에게 효과를 가져올 수 있는 방법으로 행위를 해야만 한다.

---

165 같은 글, p. 6.
166 같은 글.

해석의 시대는 지났다[167]는 점을 잊어서는 안 된다. 왜냐하면 "무의식의 욕망이란 그 욕망의 해석**이었다**le désir inconscient est son interprétation"[168]라고 말할 수 있기 때문이다. 이제 무의식은 해석 이외의 다른 것이 될 수 없다. 해석은 무의식이 하는 것이지, 분석가가 하는 것이 아니다. 이를테면 어떤 꿈은 그 자체가 꿈꾸는 사람의 무의식이 수행하는 해석이다.

무의식이 해석을 한다

  분석적으로 해석이 가능하다는 것은 무의식이 말한다는 점을 받아들인다는 뜻이다. 그리하여 밀레는 해석의 다양한 양태를 조사하여 "무의식이 해석한다"라는 테제를 제시한 것이다. 해석한다는 것은 반향하도록 만드는 것이자, 넌지시 암시하는 것, 생략하는 것, 침묵하는 것, 신탁을 하는 것, 인용하는 것, 수수께끼를 만드는 것, 절반만 말하는 것mi-dire, 폭로하는 것[169]이다. 하지만 이러한 해석은 무의식 자체가 사용하고 있는 표현 양태라고 이해해야 한다. 이는 매우 뜻밖의 주장으로 보일지 모르지만 오히려 빈축을 사는 의지가 여기에 깃들어 있다고 할 수도 있다. 어찌하든지 이러한 분석실천은 포

---

167 "Interprétation à l'envers", *Revue de la Cause freudienne* n° 32, 1996, p. 5.

168 같은 글.

169 같은 글. [분석가의 해석이 분석 주체에게 하나의 자극이 되어 분석 주체 스스로가 해석하는 어떤 계기가 되어야 함을 말하고 있다. 하지만 이어서 해석의 문제점 즉 무한 퇴행을 말하면서, 분석가가 해석을 제공하고 분석 현장에서는 더 이상 다른 환상에 빠지지 않도록 그날의 분석 세션을 중단하는 '절단'을 이야기한다. 이어서 저자는 의미론적 통일성을 추구하는 것이 아니라고 강조하는데, 이는 분석 주체가 분석가의 해석을 통해서 다른 요소를 촉발하는 계기가 된다는 점을 강조하는 것이다. 여기서 다른 요소란 다름 아닌 향락이다.]

스트 해석학적인 것이 되어 버린다. 분석 세션의 종료를 이용하여 이제 충분하다고 말하는 것이다. 이는 환자의 이야기의 흐름을 중지시키는 것으로 하나의 의미를 조직화하는 행위인 셈이다. 발화된 언표의 의미를 문법la syntaxe이 어떻게 결정하는지는 잘 알려져 있다. 포스트 해석의 시대에 증상의 독해를 목표로 작업하는 것은 더 이상 중요하지 않다. 이는 모든 독해가 또 다른 새로운 암호가 된다는 것이고, 그러면 무한 퇴행이 발생해 버리기 때문이다[의미의 독해를 멈출 수가 없다]. 그보다는 환상과, 증상이 내포한 의미의 외부에 있는 환원 불가능한 향락의 요소를 고려하는 일이 중요해진다. 그렇게 함으로써 증상에서 셍톰으로 이행이 이루어진다.

이제 중요한 것은 해석이 아니라 잘 침묵하는 것이다. 그렇다면 분석가에게 남겨진 것은 무엇일까? 환자를 맞이하고, 반갑게 환자의 손을 잡으며 "안녕하세요, 날씨가 좋네요. 다음 주에 봐요. 월요일에?"라고 말하는 것으로 분석가는 만족해야 할까? 해석하는 시대의 종결, 증상을 독해하는 시대의 종결이 이런 극단적인 것을 의미하지는 않는다. 해석보다 '절단coupures'을 수행하는 점이 중요할 뿐이다.

이 절단에 대해서는 자세히 언급하지 않겠지만, 이 책에서는 세션이 직전의 세션과 다음 회의 세션을 연계해 의미론적 통일성을 갖도록 하려는 것이 아님을 분명히 밝혀 둔다. 목표로 삼는 점은 오히려 몰의미적인asémantique 세션 자체이다. 분석가는 분석 주체에게 당황함perplexité이라는 결과를 안겨 주고, 분석 주체가 맛보는 향락이 상식을 넘어선 것l'insensé이라고 알려 준다. 분석 주체는 자신의 증상이라는 수수께끼에 직면하면서 부지불식간에 의미를 조성하려는 경향을 띤다. 이러한 경향 때문에 독해 작업을 향락하게 되며, 끝이 없는 분석 속에서 길을 잃는다. 차라리 증상이 주는 만족의 측면을 강조함과 동시에, 환상과 환상이 주는 향락을 강조해야 할 것이다. 여기서 우리는 환상과 증상의 결합, 욕망과 향락의 결합을 발견할 수 있기 때문이다. 그리하여 새로운 매듭이 생기는데, 이것이 바로 '생톰'이라고 불리는 것이다. 주체 안에서 생톰을 목표로 삼는 실천은 무의식처럼 해석의 대상이 아니다. 무의식처럼 해석하는 것은 쾌락 원리에 봉사하는 것이다. 이는 현실 원리에 봉사하는 것처럼 되어 버려서 어떠한 변화도 생기지 않는다. 왜냐하면 현실 원리 그 자체가 쾌락 원리에 봉사하기 때문이다. 쾌락 원리에 봉사하려고 해석하는 것은 끝없는 분석의 원칙에서 일어날 수 없는 일이기 때문이다.[170]

따라서 쾌락 원리를 넘어서 해석해야만 한다. 이는 무의식을 반대[의 의미(방향)]로 해석하는 것이다. 실재적 무의식에 주의를 기울이려면, '무의식이 해석한다'는 테제를 통해서 암시되는 해석의 실천을 방기해 버려야 한다. 무슨 말인가 하면, 역방향으로 해석해야 한다는 이야기이다. 유일한 시니피앙signifiant tout seul은 항상 수수께끼이며, 그래서 거기에는 해석이 부족하기 마련이다. 이를 해석하려면 다른 시니피앙이 동반되어야 한다. 그래야 새로운 의미가 출현한다.[171] 이는 환상을 만드는 의미의 원천을 포기하려면 극복해야만 하는 막다른 길목이다[의미를 찾아서 환상이 작동하기 때문이다]. 그리하여 우리는 이를 해석망상병délire d'interprétation이라고 부른다.[172] 분석가가 환자에게 제공하는 해석이 망상 수준에 속하는 것이라면, 그와 같은 해석은 말하지 않는 것[침묵하는 것]이 분명 나을 것이다. 신중함이 행위의 준칙이 되어야 한다. 이렇듯, 해석의 이면은 주체의 요소 현상phénomène élémentaire[173]으로서 시니피앙을 관련

---

170 같은 글, p. 6.
171 같은 글, p. 7.
172 같은 글.
173 요소 현상은 야스퍼스가 제안한 개념으로, 정신질환이 발현될 때 나타나는 증상으로 병적 과정에 나타나는 현상이다. 요소 현상의 특징은 다

시키는 일로 구성된다. 즉 시니피앙에 망상의 의미를 부여하는 시니피앙이 무의식의 생성물을 통해서 분명히 드러나기 전에, 이 시니피앙을 요소 현상에 관련 짓는 것이다.[174] 이 망상이 일어나지 않도록 하는 것이 중요하기 때문이다.

역방향 해석이라는 테제는 '무의식이 해석한다'라는 테제와 연결되어 있다. 여기서는 기존 해석의 한계를 넘어서는 것이 중요하며, 이는 침묵으로 말하는 것이 수렴되는 것이기도 하지만 침묵을 전복하는 것이기도 하다. 밀레는 이러한 전복이 의미론적인 흐름에 빠지지 않는 것임을 강조한다. 그리하여 그는 세션의 종료가 의미론적인 흐름으로 회귀한다는 점을 언급한다. 밀레가 역방향 해석을 세션의 종료와 대립시켜서 역방향 해석을 '절단'이라고 부른 것은 바로 이에 기인한다. 여기서 해석의 새로운 양태를 추출하기 위한 한 걸음을 내딛게 된다. 새로운 양태의 해석은 쾌락 원리에 봉사하기 위한 것이 아니다. 향락을 위한 것이다. 이 해석은 주체를 분할하지 않고 주체를 '난처함'으로 데려간다. 절단의 실천은 구두점을 찍는 실천과 비교해서 몰의미적이며, 말해지는 것 안에서 직접적으로 향락되는 것이다. 그리하여 분석가가 길을 터 주는 무의식의 해석[역방향 해석]은 향락이 새겨진 시니피앙의 연쇄에서 향락을 근본적으로 분리해 주어야 한다.

실재적 무의식이라는 구상과 유사한 절단으로서의 해석은, 억압된 주인 시니피앙을 간접적으로 추출하는 것을 목표로 삼는다. 이러

섯 가지로 정리된다. 선행하는 심적 체험에서 추론할 수 없는 '원발성', 환자가 직접 체험하는 '무매개성', 발현 현상의 의미를 알 수 없는 '무의미성', 압도적인 힘으로 이질적인 체험이 나타나는 '압도성', 나중에 다른 증상의 기초가 되는 '기초성'이라는 특징이다. 여기서는 해석보다는 환자가 사용하는 말, 즉 시니피앙의 중요성을 언급하고 있다.—옮긴이

174 같은 글.

한 점에서, 절단된 해석은 분석가의 개입으로 발생한 의미가 추가되는 증식과는 반대되는 것이다. 애매함은 당연히 환유적인 것으로 받아들일 수 있다. 수수께끼와 인용 사이에 있기 때문이다. 하지만 은유는 그렇지 않다.[175] 밀레가 주장하듯이 해석을 의미의 이면을 향하여 전개되는 확산으로 말한다는 것은 다음과 같은 점을 밝혀 준다. 해석이 분석가의 행위와 동등한 것이 될 때, 이는 무의식의 활동에 추가적인 것이기도 하지만 무의식으로서도 행동한다는 점을 알아야 한다. 이는 결국 의미의 감산을 통하여 이루어진다.[176] 따라서 이러한 해석은 **상식에서 벗어난 것**[현실계]에서 생산될 수밖에 없다.

그리하여 밀레는 라캉이 왜 조이스의『피네건의 경야Finnegans Wake』[177]를 참조했는지를 설명한다.『피네건의 경야』는 파롤과 쓰기écriture의 관계, 음[소리]과 의미의 관계를 끊임없이 향락하는 텍스트이며, 압축과 애매함과 동음이의어로 엮인 텍스트임에도 불구하고 무의식과는 전혀 무관하기 때문이다. 시니피앙과 시니피에의 결합은 이 텍스트에서 완전히 무효화되어 있다. 바로 이런 이유로 이 텍스트는 해석을 유발하지 않으며, 설령 초인적인 노력을 기울인다 해도 번역 역시 가능하지 않다. 이 텍스트는 그 자체가 해석은 아니다. 또한 이 텍스트는 독해의 주체를 보기 좋게 난처함으로 이끌어 간다.[178] 결국 난처함이 대두한다. 절단을 통해서 이제는 어떠한

---

175 Pierre-Gilles Guéguen, "Discrétion de l'analyste dans l'ère post-interpretative", *Revue de la Cause freudienne* n° 34, 1996, p. 26.

176 같은 글, p. 27.

177 James Joyce, *Finnegans Wake*, Paris, Gallimard, 1997.

178 "Interprétation à l'envers", *Revue de la Cause freudienne* n° 32, 1996, p. 7. [의미 생성을 염두에 두지 않고 텍스트 자체가 주는 즐거움(향락)을 즐긴다는 말이다. 무의식이 무엇인가를 의미한다고 여기는 것은 이제 과거의 생각이며, 그것은 텍스트(증상) 자체를 해석으로 받아들이는 입장이라고 말하고 있다. 실제로 조이스의 이 작품이 여러 외국어로 번역되었지만 이는

시니피에로든 봉합될 수 없다는 난처함을 가져다주는 것이다. 따라서 시니피앙을 추출하는 것이 중요해진다. 이는 더 이상 어떤 가능한 의미도 갖지 않은 시니피앙이지만, 특이적인 주체에 고유한 향락의 양상을 응축한 시니피앙임에는 분명하다. 이렇게 우리는 의미와 의미 작용의 주변에서 떠나 버린다. 암호 해독을 향한 정열은 주체를 향락하게 하지만, 분석경험을 끝도 없는 곳으로 이끌어 간다. 그러므로 암호 독해를 향한 정열은 더 이상 통용될 수 없다.

'무의식이 해석한다'라는 테제는 '역방향 해석'과 연동된 것으로, 현실계에서 향락하는 것과 상징화된 것이 서로 단절[실제와 말, 느낌과 표현의 차이]되어 있음을 강조한다. 그리하여 진리는 '향락의 자매'가 된다. 결국 역방향 해석은 현실계 안에서 원인을 추구하며, 주체가 무의식을 포기하도록 이끄는 단절을 목표로 삼는다.[179] 이제는 주체의 진리가 중요한 것이 아니다. 스스로가 느끼는 고유한 향락, 향락하는 특이적인 방식과 관련해 확신을 갖는 주체가 중요하다.

환상의 횡단에서 증상을 향한 동일화로

분석의 종결에 관한 구상은 현실계로 향하는 새로운 방향성과 함께 필연적으로 변화할 수밖에 없다. 초창기에 라캉은 분석경험의 종결[목표]을 '**죽음을 향한 존재**를 수용하는 것assomption de l'être pour la mort'이라고 생각하였다. 다시 말해서, 죽음이 언어의 외부에 존재하는데도, 죽음을 생의 긍정으로 이해되어야 하는 것으로 보고 분석의

문제적인 작업임을 보여 주기 위한 것이지, 의미를 전달하려는 번역은 아니라는 뜻으로 이해하면 되겠다.]

179   Pierre-Gilles Guéguen, 같은 글, p. 27.

종결을 정의한 셈이다. 누구도 나 대신 죽을 수 없으며, 나는 가장 내
밀한 특이성을 가지고 죽음의 장소에 불려 간다는 것은 명백한 사실
이다. 이러한 죽음에 대해서는 누구도 그 이상의 것을 말할 수 없으
며, 죽음이 무엇인지 상상하는 것조차 불가능하다. 그런 까닭에 라
캉에게 죽음을 향한 존재를 주체화하는 것은 그 주체의 근원적인 차
이를 만들어 내는 일종의 수단이었다. 사실상 실제 죽음은 사람이
최종적으로 자신과 하나가 되는 순간이다. 또한 분석의 종결은 사람
이 최종적으로 특이적인 것이 되는 유일한 순간과 유사해지리라는
점도 생각할 수가 있다. 라캉은 두 번째 시기에 분석경험의 종결을
'거세의 주체화la subjectivation de la castration'라고 생각하였다. 이러한 구
상은 주로 (자세히는 서술하지 않겠지만) 탈동일화désidentification의
효과에서 나왔다. 우리가 어찌할 수 없는 주체적 분할division subjective
이 됨을, 즉 자기 자신과의 불일치와 통일된 '자아'라는 환영으로 분
리된다는 사실을 인지하는 것이 중요해진다. 더불어 '주체의 해임
destitution subjective'이라는 목표가 전면에 드러난다. 이 목표에서는 주
체가 지닌 근원적 환상의 구조를 아는 것이 중요하다. 근원적 환상
은 분할된 무의식의 주체를 자신에게 고유한 욕동적인 대상과 연결
해 주기 때문이다. 우리가 지금까지 다루어 온 분석의 종결 방법은
라캉이 세 번째 시기에 구상해 제안한 것이며, 앞의 두 가지[첫 시기
(실제 죽음인 생물학적 죽음)와 두 번째 시기(분석에 의한 종결로서
상징적 죽음)] 분석의 종결은 상징적인 차원에만 관련된 것이었다
[의미에 관련된 것이었다].

　최후기 라캉의 가르침은 분석의 끝에 나타나는 '증상을 향한 동일
화identification au symptôme'를 규정한다. 이제는 환상의 횡단이 문제가
되지 않고, 파스의 과정에서 전개되었던 '주체의 해임'도 문제가 되
지 않는다. 향락의 현실계, 주체가 지닌 고유한 향락의 양태와 친해
지는 가능성을 목표로 삼는 것이 중요해진다. "나는 이런 사람이었

다"라고 말할 수 있다는 것은 이제 중요하지 않고, 오히려 주체의 향락(현실계)을 욕망(상징계)과 연결하는 것이 중요하다.[180] 증상은 우리가 현실계를 향해서 나아가는 방향성에 있음을 강조하기 위해서 이제는 '셍톰'이라고 쓸 수 있으며, 셍톰은 분명 향락과 욕망의 참신한 결합이다.

그런 까닭에, 분석의 종결을 단지 횡단으로 정의하는 것은 이제 불가능하다. 증상이 문제가 될 때에는 오히려 그것과 **친해지는 것**이라는 용어가 대두한다. 증상을 제거하는 것이 아니라, 각자에게 좀 더 실제적인 것으로 작용한다는 의미이다. 증상은 각자가 표현하는 [자신을 드러내는 것] 일을 멈추지 않는다[라캉은 이를 필연성이라고 정의한다]. 사람은 그것과 어떻게 사귀게 되는지를 배운다.[181] 분석의 최후에 남는 잔여 증상, 거울에 반영된 자신의 고유한 상像image과 같은 것이다. 이 잔여 증상은 제거되지 않는다. 이를 다루는 법과 꾸미는 법, 칭찬하고 처리하는 법을 배우며, 더 나은 경우에는 함께 살아가는 법을 배운다. 분석경험의 종결에 이른다 해도 언제나 제거 불가능한 잔여, 특이적인 향락의 양태가 존재한다. 우리는 이러한 향락의 양태와 일체화하고, 따라서 확고하게 연결되어 있다. 자신의 증상과 '친해진다'라는 전망에서 중요한 것은 욕동이 언제나 그곳에 있다는 점이다. 욕동은 분석 장치에 들어갈 때와는 아주 다른 형태로 고정되어 나타난다. 분석을 받아도 욕동이 해소되지 않기 때문이다. 우리는 신체를 지니고 있고, 설령 시니피앙이 신체에 많은 효과를 부여한다고 할지라도 상징이나 말과 무관한 생물학적 현실계의

---

180   주체가 향락한 것을 말로 연결하는 것이 중요하다. 이는 욕동을 욕망으로 표현하는 것인 셈이다. 따라서 정의에 따르면 욕동은 말해질(언어화할) 수 없는 것인데, 욕동을 말하려는 것을 멈추지 않는 상황을 라캉은 '불가능성'이라고 표현한다.—옮긴이

181   "L'appareil à psychanalyser", *Quarto* n° 64, 1998, p. 15.

일부는 남아 있기에 그렇다.

증상을 향한 동일화라는 개념에서 의문시되는 증상(사람이 동일화하는 증상)은 주체를 분석으로 이끌었던 것과 같은 증상이 아님을 유의해야 한다. '증상을 향한 동일화'라는 표현에서 증상은 단수적인 것이다. 반면 분석이 시작될 때 우리와 관련된 증상은 복수적으로, 다양하고 다채로운 것이었다. 분석경험의 최후를 특징 짓는 최종 증상은 하나의 잔여이다. 이는 분석경험을 통해서는 제거될 수 없는 욕동적인 것이며, 우리는 이 잔여와 타협하는 법을 배우게 된다. 증상을 향한 동일화로 간주되는 분석의 종결에서 증상은 **근본적**이라고 할 만한 증상이다. 이 근본적인 증상은 주체의 특이적인 양상을 보증하며, 그러하기에 **다른 누구와도 닮지 않은** 것이다. 이러한 증상은 언어의 영역에서 항상 결여된 최종적인 말로서 향락의 영역에 보전되어 있다.[182]

그렇다고 하더라도 증상을 향한 동일화가 '환상의 횡단'을 거부하는 것은 아님을 확실히 해 둘 필요가 있다. 물리학에서 일반 상대성 이론이 특수 상대성 이론을 포함하듯이, 증상을 향한 동일화는 환상의 횡단을 포함하며 환상의 횡단을 완전한 것으로 만들어 준다. 근본적인 증상을 향한 최종적인 동일화는 환상의 횡단을 전제한다는 점을 분명히 기억해야 한다.

그럼 여기서 말하는 '동일화'는 무엇을 의미할까? 이전까지 사람들은 "나는 지금 있는 모습 그대로이고, 그것이 나다"라고 말할 수 있을 안정된 동일성을 고정하는 것이 중요하다고 믿었다. 그러나 이제는 이러한 것이 중요하지 않다. 즉 자신의 동일성을 찾는 문제가

---

182 분석의 끝에서 느끼는 인간의 증상은 어떤 향락으로서, 그 자체가 언어로는 표현되지 못한다. 오직 신체를 매개 삼아 또 다른 욕동으로 표현되어, 새로운 것을 향한 욕망으로 나타난다고 볼 수 있다.—옮긴이

아닌 것이다. 동일성은 결코 안정되어 있지 않고, 지금까지 살펴보았듯이 자기 자신과 일치하는 것이 아니다. 오직 다른 누구와도 닮지 않게 되는 데 성공하는 것이 중요하다. 이는 주체가 향락하는 양태로서 나타나는 것으로, 우리가 고유하게 느끼는 향락의 방법이자 우리에게 유일한 실재적인 것이다. 시니피앙의 연쇄에서 추출되어 의미의 외부에 있는 시니피앙이 우리의 향락인 현실계가 되는 것이다. 이 시니피앙은 단순한 문자의 자격을 얻을 뿐, 어떠한 것도 의미하지 않는다. 사실상 의미를 갖지 않는 문자는 모든 의미 작용을 넘어서 언어의 세계로 참여하는 것을 가능하게 해 줄 뿐이다. 그리하여 문자는 우리가 파롤의 지껄임만을 향락하게 함으로써 상징계를 생물학적인 것에 연결한다.

이러한 경위로 우리는, 동일화의 대상인 최종 증상에서 분석경험의 과정을 통해 변화할 수가 없는 부분을 그대로 받아들이도록 한다고 생각할 수 있다. 그리하여 각자의 증상에는 약간 이상하다고 생각할 만한 부분이 언제나 존재한다. 그러나 이는 그저 체념한 채 자신의 증상으로 적당히 타협하는 방법과 혼동될 수 있는 그런 것이다. 최종적으로 우리는 변화하지 않으면서 그러한 것과 친해지고, 그것을 받아들여 어떻게든 극복해 가는 법을 배울 것이다. 그렇다면 우리는 불평을 그만두고 증상이 우리의 개성으로서 특징을 가지며 그 자체가 다른 것으로 대체 불가능함을 인정하기만 하면 될 수도 있다. 이는 정통적인 나르시시즘에서 소리 높여 주장하는, '현재 드러난 내가 나'인 셈이다. 그러나 문제는 이와 관련된 것이 아니다. 이러한 점은 앞서 이미 충분히 지적하였다. 시험대에 올려야 하는 것은, '복수의 증상을 특이적인 즉 단수의 증상으로 어떻게 이행시켜야 하는가'이다. 여기서 목표는 복수의 증상에 동의하는 것이 아니다. 복수의 증상에 대한 불만을 그만 토로하기를 목표 삼는 것도 아니다. 오히려 그 증상으로 더는 **고통받지 않는다**라는 점을 목표로 한다. 이러한 결과는 근본적으로 변화했다는 필연적인 증표이다. 분석이라는 수단을 개입시켜서 자신의 고통을 감수하는 것이 아니라, 우리를 분석으로 이끌었던 증상에 더 이상 **현실적으로** 고통받지 않는데 다다르는 것이다.

한 가지 덧붙인다면, 증상과 동일화하는 것은 분명 [자신의 현 상태를] 스스로 인식하는 것에 다름 아니다. 분석이 종결될 때 남는 것으로서 근본적인 증상은 자신의 진정 고유한 이름, 동일성을 만드는 유일한 것이다. 그 외의 다른 동일화는 우리를 실제적으로 정의하기에는 충분치 않다. 우리는 언제나 '누구누구의 자식이다', '의사이다', '노동자이다', '공산주의자이다', '환자이다'라고 말할 수 있지만, 그러한 점은 특이성이 될 수 없다. 최종적으로 주체는 증상과의 동일화를 통해 자기 일관성의 원리를 발견한다. 이렇게 하여 주체는 존재결여일 뿐인 상징계와 상상계라는 장소 언저리에서 벗어나, '나는 누구인가?'라는 물음에 대한 해답을 발견한다. '나란 이러한 향락이며, 이것이 나의 실제적인 모습이다'라고 말하는 것은 그러한 도상에서 가능해진다. 이때 나는 다른 누구와도 닮지 않은 하나의 양태이다. 말하기가 불가능한 욕망과 의미 바깥의 단순한 문자로 고정된 향락 사이에서 만들어진 전대미문의 매듭이 바로 나다.

그런 까닭에, 현실계 쪽으로 방향을 잡은 정신분석은 욕망의 항적에 몸을 맡기고, 각자 자신의 **절대적** 차이나, 아주 우연적인 각각의 특이성에서 욕망의 원인을 추출하는 것을 목표로 한다.[183] 욕망의 원인은 언제나 우발적인 것으로, 우연한 만남으로 이루어진다. 인간에게 향락은 종種 특이성 같은 동물적인 것이 아니다. 예컨대 고양이의 그르렁거림처럼 유전자에 새겨진 것이 아니라는 말이다. 향락은 저마다 다르다. 향락은 언제나 우연적인 만남의 산물이기 때문이다.

---

183 "Choses de finesse en psychanalyse", cours du 19 nov 2008, 미출간.

향락은 개인으로서 자신에게는 아무런 의미가 없는 예측 불가능한 aléatoire 만남에서 비롯해 구성된다. 따라서 향락은 실재적이며, 뭔가 의미하는 것이 아니다. 그것은 하나의 양태이고 언제나 특이적인 형태로 나타난다. 그러므로 개인은 저마다 향락하는 방법이 있다. 각자에게 고유한 방법으로, 타인과 절대 같지 않다. 공동체와 공유할 수 있는 향락의 양태란 결코 가능하지 않다. 우리는 각자 자신만의 방법으로 향락을 한다. 향락은 인간이라는 종에게 프로그램화한 것이 아니다. 여기에는 부재, 공허가 있다. 이는 살아가는 **하나의** 경험이자, 각자에게 향락이라는 특이적인 형태를 부여하는 만남이다.[184] 따라서 향락은 보편화할 수 없는 것으로, 일례로 광고 매체가 우리에게 획일적인 방법으로 향락하는 양태를 제시함에도 그러하다. 이 점에서 우리는 철학과 대립한다. 예컨대 욕망의 사상가였던 스피노자에게 기쁨이란 인간이 필연성의 일부임을 특징 짓는 것이었다. 향락은 정신분석의 고유한 개념으로 철학과 관련이 없다. 향락은 각자에게 언제나 특이적인 것이기에 그렇다. 향락은 정신분석이 관심을 두는 유일한 실체라고까지 말할 수 있다. 향락은 선과 악, 쾌와 불쾌를 넘어서 세계에 존재하는 우리의 독특한 존재 방식을 규정한다.

그런 까닭에, 현실계에 의해 방향 지어진 분석의 의도[목표]는 궁극적으로 우리를 타자와 확실히 구별하는 것, 그리고 이 점을 추출해 받아들이도록 하는 데 있다.[185] 결국 다음과 같이 말할 수 있다. "나는 여기서 이렇게 향락하는 양태이다. 이를 반드시 좋은 것이라고 할 수는 없지만, 어쨌든 다른 사람과 똑같지는 않다. 내가 딱히 찬성하지는 않았지만, 이것이 지금의 나다."

---

184 같은 글.

185 타자에 의하여 구성되었던 라캉의 주체성인 '타자적 주체성'이 '탈脫타자적 주체성'으로 이행하는 데 결정적으로 작용한 것이 향락으로, 현실계의 요소인 향락이 핵심임을 이 책은 주요 논지로 밝히고 있다.—옮긴이

정신분석은 위장된 쾌락주의인가?

증상으로 동일화하고 그 증상이 내포한 향락의 측면과 친해지는 것이 중요하다면, 우리는 분석 안에서 쾌락주의hédonisme를 처방받는 데 불과하다고 여길 수도 있다. 자신의 증상을 향락하고 그저 쾌락의 측면으로서 만족을 충분히 이끌어 내기 위한 방법을 작동시키는 것이 중요하다고 생각할 수 있다는 말이다. 쾌락주의는 쾌락을 취하고 고통을 없애는 것을 최고선으로 삼는다. 그러나 정신분석에서 중시하는 향락은 그와 다르다. 우리 인간이라는 동물은 문명을 위하여 향락을 양도했으나, 욕동이라는 형식을 통해서 그 일부를 끊임없이 되찾으려 한다. 주체가 되기 위해서는 자신의 향락을 양도할 수밖에 없었고, 버릴 수밖에 없었다. 그래서 상실했던 향락의 일부분이 늘 존재한다. 따라서 우리가 상징계의 주체, 말하는 존재가 됨으로써 향락의 어떤 부분을 회복할 수 있다. 이것이 바로 파롤[말하는 것]의 향락이다.

말한다는 사실에는 분명히 향락이 존재하고 파롤의 향락이 존재할지라도, 말해진 것의 의미는 더 이상 중시되지 않는다. 다시 말해서, 의미 작용을 넘어서 의미를 향락하는 것이 존재해도, 여기에 관련된 아주 특별한 향락이 존재한다는 것이다. 반면에 쾌락주의의 향락은 어떤 대가를 지불하더라도 방해받지 않고 누리는 향락이며, '[눈에 보이는] 노골적인 욕망le gras désir en bandoulière'[186]이다. 모든 불

---

186   저자에 따르면 라캉의 정신분석에서 대상은 욕망의 대상l'objet du désir과 욕망의 대상–원인l'objet-cause de désir을 구별하는데('욕망의 대상'을 폄하하는 바디우가 비유적으로 사용한 표현을 저자가 인용한 것임), 욕망의 대상을 가리켜 le gras désir en bandoulière라고 표현한 것이다. 이러한 욕망의 대상을 추구하는 원인이 중요하다는 의미이다. 예를 들어 어떤 사람이 '나는 저 자동차를 갖고 싶다'라고 하면, 눈에 보이는 자동차에 주목하는

쾌를 피하면서 자신의 쾌를 추구하는 것은 정신분석의 목표가 아니다. 정신분석은 행복이나 주체의 건강한 상태를 추구하지 않는다. 분석경험의 끝에서 중시되는 향락은 오히려 문화 그 자체와 관계를 갖는다. 메디 벨라 카셈Mehdi Belhaj Kacem의 표현에 따른다면 '방해 없이 결여manquer sans entrave'[187]에 도달하는 것이 중요하다. 정신분석은 향락을 압제적으로 명령하는 현대의 쾌락주의를 단죄한다고까지 할 수 있다. 정신분석은 향락을 금지하지 않는 디스쿠르이며, 향락하지 않는 것도 인정한다. '향락하라!'라는 정언명령은 정신분석에 없다. 환상의 횡단이 일단 이루어지면, 좀 더 실재적인 자신의 증상과 동일화가 된다. 이는 분명 향락하는 양태이지만 쾌락주의적 의미와는 다르다.

증상 이면에는 대상에 대한 참조를 필요로 하지 않는 순수 욕망의 능력이 존재한다. 정신분석에서 욕망의 윤리는 욕망의 대상을 향한 집착에서 벗어나야 한다는 요청에 충실해야만 하는 것이다. 그리하여 목표로 삼아야 하는 욕망은 욕망을 충족하지 않는 욕망이며, 욕망을 개방된 상태에 두는 욕망이다. 어떠한 대상도 실현을 통해서 욕망의 목표를 충족해 주지 않는다. 다시 말해서, 승화로 향하는 길을 발견하지 않으면 안 된다. 대상으로 연결되지 않는 운명에 처한 욕동[욕망]을 단지 향락할 수 있다는 의미에서 승화가 요구되는 것이다[욕망의 충족이 불가능한 것이라면, 대리만족이라고 할 '승화를 통해서 나아가는 것 자체'가 향락이라는 것이다. 승화가 꼭 이루어져야 하는 것은 아니다]. 이것은 대상이 없는 향락이며 대상의 향락이 아니다.

것이 아니라, 저 자동차를 통해서 그가 무엇을 추구하는지 아는 것이 중요하다는 의미이다.—옮긴이

187 Mehdi Belhaj Kacem, *Manifeste antiscolastique*, Caen, Nous, 2007 참고.

우리가 지치지 않고 생산하는 파롤이나 수다를 향락한다는 점이 중요한 까닭은, 사람은 말하는 것에서 의미를 만들기 때문이다. 요컨대 말하는 존재는 그러한 독백monologue이나 단순한 사고를 향락할 수 있는 능력을 가지고 있다. 이러한 양태의 향락에는 어떠한 대상도 필요치 않다. 더불어 이러한 향락은 말해질 수 없으며, 상상도, 이해도 불가능하다. 이 향락은 경험만 할 수 있다(라캉은 여성의 향락에 대해서도 똑같은 말을 하고 있다. 이 향락에 대해서는 말할 수 없고 체험만 할 수 있는 신비주의적인 향락으로 접근시킨다).

이러한 의미에서, 밀레가 자신을 정치적으로 리버럴 — 향락하고 향락을 즐기는 — 하다고 말할 수 있었던 것은, 그의 리버럴리즘이 어떤 쾌락주의와는 거리가 멀기 때문이다. 여기서 쾌락은 중요하지 않다. 의미를 향락할 때 향락을 유발하는 것은 **파롤이라는 향락** jouissnace de la parole이다. 이 향락은 예컨대 미적 행위를 수행할 때 가능하다.[188] 분석의 끝에서 승화는 목표가 아니지만, 그럼에도 승화는 향락하는 방법의 하나가 될 수 있다. 결국 승화는 욕동, 즉 우리에게 특이적인 것을 향락하는 양태를 내포한다.

사람은 누구나 몽상을 한다

최근 밀레는 최후기의 라캉을 말할 때 '인간은 누구나 몽상을 한다 Tout le monde délire'라는 공식을 전면에 내세운다. 인간은 누구나 몽상을 한다. 다시 말해서, 인간은 누구나 존재하지 않는 것을 철저히 풀어서 이해하고 해석한다. 달리 말하면 이는 외관[이름 붙은 것, 시니

---

188   Baldine Saint Girons, *L'acte esthétique*, Paris, Klincksieck, 2008을 참조 바란다. 특히 '저녁의 평화la paix du soir'에 관한 매우 아름다운 구절에 이와 같은 향락의 유형이 아주 멋지게 제시되어 있다.

피앙]으로, 인간은 누구나 외관에 사로잡혀 있다.[189] 설령 그것이 모든 시니피에에서 분리되어 떨어진 백색 시니피앙이고 또한 상식에서 벗어나고 고정된 의미를 벗어날지라도, 그러한 시니피앙은 이제 분석경험에서 우위에 있지 않다. 라캉이 오이디푸스 콤플렉스와 오이디푸스의 외관을 넘어서 목표를 두었던 이유가 여기에 있다. 라캉은 초기 사상에서 이미 오이디푸스의 외관에 대하여 계속 말하고 있었다. 하지만 라캉은 현대사회에서 오이디푸스의 외관이라는 간판을 지속하지는 않았다.[190] 사람은 누구나 몽상을 한다는 점을 말라르메는 감지하고 있었다. 분명 언어는 정보를 전달하기보다는 향락하기 위해서 사용된다고 보았던 것이다.

'사람은 누구나 광인이다. 다시 말해서 몽상가이다Tout le monde est fou, c'est-à-dire délirant'[191]라는 공식은 정신분석의 새로운 임상을 특징 짓는다. 이 공식은 정상성에 참조점을 두고 정신 건강을 기준으로 삼는 것을 근본적으로 거부한다.[192] 실제로 실재적인 것과 정신적인 것 사이에는 부적합성[193]이 근본적으로 존재한다. 실재적인 것을 두고 무엇이라고 말하기는 불가능하며, 말을 한다면 그것은 거짓이 될 것이다. 다시 말해서, 새로운 정신분석적 임상이라고 불리는 것은 치유 불능에 대한 이론이다.[194] 그런 까닭에 분석은 주체가 치유 불능이라는 점과 그의 생톰을 이끌어 내는 것을 목표로 삼는다. 또한 이러한 전망에서 시니피앙적 의미화signifiance(의미를 부여하는 모

---

189 "La psychanalyse, la cité, les communautés", *Revue de la Cause freudienne* n° 68, 2008, p. 114.

190 같은 글.

191 "Choses de finesse en pasychanalyse", leçons du 12 nov 2008, 미출간.

192 같은 글.

193 같은 글.

194 같은 글.

든 것)는 자신이 향락하는 양태에 대한 하찮은 지식[195]으로 귀결된다. 그리하여 우리는 특이적인 것, 고유한 향락의 양태, 주체의 셍톰을 목표로 삼는 분석경험의 방향성을 확보한다. 무의식을 독해하려고 시도한다면, 그 독해는 어떤 실재적인 것, 즉 의미의 외부에 있는 향락이라는 현실계에서 정지해 버린다. 이러한 실재적인 것은 각자에게 특이적이며, 그 인물의 셍톰을 구성한다. 셍톰은 실재적인 것이기에 우리는 그것에 관하여 어떤 것도 말할 수가 없다. 그것은 누구에게도 말하지 않는다.[196] 지금까지 살펴보았듯이, 해석은 분석주체에게 무엇인가를 '알려 주는' 지식의 독해 방법이 더 이상 아니며, 실재적 무의식이라는 머리 없는[욕동적] 행동을 밝히는 수단이 된다.

밀레가 부여한 방향성, 그리고 라캉이 밀레에게 부여한 방향성에서 정신분석은 회복[치료]을 목표로 삼지 않는다. 정신분석은 건강이나 행복을 기대하는 일이 아니다. 그러나 우리를 움직이게 하는 것을 새롭게 조명하고, 어느 정도 증상을 완화해 주기는 할 터이다. 분석경험은 자신의 욕망을 다시금 자신의 것으로 만들려고 우리를 이끌어 간다. 그리하여 가장 바람직할 경우에는, 분석경험을 통해서 '욕망하는 것을 원하거나 원하는 것을 욕망하는' 데 다다르리라고 기대할 수 있다. 분석경험이 막바지에 이르렀을 때, 우리는 자신이 '치유 불능'이라는 점에 동일화할 수 있다. 이는 단지 치유 불능이라는 점을 극복하기 위해서만이 아니라, 그 점을 이용하기 위해서이다. 분석경험의 종결에서 무의식에 대한 '구독을 정지'하는 것이 일반적으로 생각하듯 그렇게 중요하지는 않다. 욕동에 관한 것이 언제나 남아 있기 때문이다. 에스[이드]가 꿈틀거리고 에스는 언제나 인

195 "Choses de finesse en psychanalyse", leçons du 10 déc 2008, 미출간.
196 "Choses de finesse en psychanalyse", leçons du 17 déc 2008, 미출간.

간을 번민하게 만들기 때문이다. 그러나 우리 삶에서 반복되는 특정한 사태는, 우리 생각과는 반대로 우리가 알지 못하는 사이에 정지될 수가 있다. 일단 환상이 구성되고 그것을 횡단한다면, 우리는 분석 막바지에 나타나는 증상에 동일화할 것이다. 그리하여 이제는 향락하고, 향락에 맡겨진다. 그렇게 함으로써 욕망하는 것을 욕망하기, 즉 언제나 열린 채로 욕망하는 것을 욕망하는 일이 가능한 상태로 되돌아간다. 상당히 치명적인 반복을 되풀이하는 사이에 파손된 리비도의 일부가 또다시 회복되고, 혹은 또다시 욕망(대타자의 욕망)에 동일화하게 되면, 우리는 그저 할 일을 하며 일상에 몰두할 것이다.

이러한 모든 작업을 통해서 밀레는 라캉이 독단적인dogmatique 인간이 아니었음을 보여 준다. 문맥의 정확성을 위하여 불확정적인 주장thèse이나 정리théorème, 공리axiome를 보충해야 할 경우에, 우리는 라캉적이라고 간주되는 주장이나 정리, 공리의 목록을 만들 수 없다.[197] 그래서 밀레가 라캉을 '바로 사용[응용]할 수 있게' 만드는 논리학자로 간주되도록 했다고 비난하는 사람들에게 밀레는 다음과 같이 응수할 것이다. "정신분석에서 엄밀한 라캉적 헌장chartre이라 할 만한 것은 존재하지 않는다."[198] 우리는 라캉의 가르침을 붙잡을 수 없다. 그의 가르침은 항상 변했다는 단순한 이유 때문이다. 어떠한 사실을 말하고 얼마 지나지 않아, 그에게는 이전의 자신과 일치하지 않는 일이 생기고는 했다. 그러므로 거기에는 '가르침의 자기 차이화'[199]가 존재한다고 할 수 있다. 라캉이 어떤 것을 정의했을 때, 우리는 그 정의가 발신된 문맥을 고려해야 하며, 라캉이 규정한 정

197 "Qu'est-ce qu'être lacanien?" Quarto n° 74, 2001, p. 5.
198 같은 글.
199 "À Propos de l'enseignement de Lacan", Quarto n° 3, 1981, p. 10.

의를 곧이곧대로 받아들이지 않도록 유의해야 한다. 라캉의 정열은 분명히 '현실계'를 향해 있었다. 다시 말해서, 몰의미적인 것l'a-sensé, 법의 외부를 지향했다. 그러나 그것[현실계]에는 불변하는 점이 있는데, 그것에 대해 무엇을 말하더라도 사람이 손을 댈 수 없다는 점이다.[200] 라캉을 반反철학자라고 일컫는 이유는 분명 현실계를 향한 이러한 정열에 있을 것이다. 밀레가 보여 주었듯이 라캉은 철학적 의미에서 체계를 결코 만들지 않았다. 결국 현실계가 의미를 배제한다고 말하는 것 자체가 이미 한계적 언명이었다.[201] 왜냐하면 이는 현실계에 의미가 있을 수 있다는 의심을 주는 말이라서, 그러한 의미 부여의 가능성이 완전히 배제되는 순간에 의미가 발생하기 때문이다. 그러니까 이는 어떤 경우에도 세계와 실존에 의미를 부여하지 말라는 것이다.

현실계로 방향을 정했던 정신분석에 관련된 모든 패러독스, 그리고 임상 안에서 재발견되는 모든 난점은 최종적으로 다음과 같은 것이 될 것이다. 현실계는 말해질 수도, 이해될 수도 없는 것이다. 기껏해야 손가락으로 가리킬 수 있을 뿐이다. 상식을 넘어선 현실계에 대해서 이 외에 무엇을 할 수 있단 말인가?

---

200 의미화·주체화·상징화 이전의, 반성 이전의 세계와 대면했던 실재적인 것을 말하고 묘사할 수 없다는 의미이다.—옮긴이
201 "L'appareil à psychanalyser", *Quarto* n° 64, 1998, p. 13.

참고 문헌

저서

La voix : actes du colloque d'Ivry (sous la direction de), "Jacques Lacan et la voix", La Lysimaque, 1989.

La scission de 1953 : la communauté psychanalytique en France : 1, Navarin, 1990.

De Hegel à Jakobson, Episteme, 1994.

Un début dans la vie, Gallimard, 2002.

Lettres à l'opinion éclairée, Seuil, 2002.

Qui sont vos psychanalystes? (sous la direction de), Seuil, 2002.

Le neveu de Lacan : satire, Verdier, 2003.

Voulez-vous être évalué? : entretiens sur une machine d'imposture (avec Jean-Claude Milner), Grasset, 2004.

L'amour dans les psychoses (sous la direction de), Seuil, 2004.

Lakant (sous la direction de), École de la Cause freudienne, 2004.

Le secret des dieux, Navarin, 2005.

Le transfert négatif (sous la direction de), École de la Cause freudienne, 2005.

L'anti-livre noir de la psychanalyse (sous la direction de), Seuil, 2006.

La psychanalyse au miroir de Balzac (sous la direction de), École de la Cause freudienne, 2006.

Les variétés de l'humeur (sous la direction de), Navarin, 2008.

Scilicet: Les objets a dans l'expérience analytique (sous la direction de), École de la Cause freudienne, 2008.

Scilicet: Semblants et sinthome — 7e congrès de l'Association mondiale de psychanalyse (sous la direction de), École de la Cause freudienne, 2009.

155

주요 논문

"La suture", *Cahiers pour l'analyse* n° 1, 1966.

"Avertissement", *Cahiers pour l'analyse* n° 1, 1966.

"Supplément — Les graphes de Jacques Lacan commentés par Jacques–Alain Miller", *Cahiers pour l'analyse* n° 2, 1966.

"Nature de l'impensé", *Cahiers pour l'analyse* n° 5, 1967.

"Concept de la ponctuation", *Cahiers pour l'analyse* n° 8, 1967.

"L'orientation du roman", *Cahiers pour l'analyse* n° 8, 1967.

"Action de la structure", *Cahiers pour l'analyse* n° 9, 1968.

"Théorie de lalangue", *Ornicar?* n° 1, 1975.

"Le despotisme de l'Utile : la machine panoptique de Jeremy Bentham", *Ornicar?* n° 2, 1975.

"Matrice", *Ornicar?* n° 4, 1975.

"U ou il n'y a pas de métalangage", *Ornicar?* n° 5, 1976.

"Introduction aux paradoxes de la passe", *Ornicar?* n° 12/13, 1977.

"Algorithmes de la psychanalyse", *Ornicar?* n° 16, 1978.

"Sur les catastrophes, le langage et la métaphysique extrême", *Ornicar?* n° 16, 1978.

"Peirce, qui marinait dans le mathème", *Ornicar?* n° 16, 1978.

"La vraie Dora", *Ornicar?* n° 17/18, 1978.

"L'album de famille des Freud", *Ornicar?* n° 17/18, 1979.

"Jack and Jill and Jung", *Ornicar?* n° 17/18, 1979.

"La thèse de Church", *Ornicar?* n° 17/18, 1979.

"Un voyage aux îles", *Ornicar?* n° 19, 1979.

"Réveil", *Ornicar?* n° 20/21, 1980.

"El Piropo", *Ornicar?* n° 22/23, 1981.

"Entretien à Lubljana sur la psychanalyse en Yougoslavie", *Ornicar?* n° 26/27, 1981.

"Tous lacaniens!", *L'Ane* n° 1, 1981.

"Problèmes cliniques pour la psychanalyse", *Quarto* n° 1, 1981.

"La topologie dans l'ensemble de l'enseignement de Lacan", *Quarto* n° 2, 1981.

"De la fin de l'analyse dans la thérie de Lacan", *Quarto* n° 7,1982.

"Philosophie: un panorama mondial des forces en présence", *L'Ane* n° 2, 1982.

"Schizophréie et paranoïa", *Quarto* n° 10, 1983.

"Produire le sujet?", *Actes de l'E.C.F.* n° 4, 1983.

"Pas de clinique sans éthique", *Actes de l'E.C.F.* n° 5, 1983.

"Montré à Prémontré", *Analytica* n° 37, 1984.

"D'un autre Lacan", *Ornicar?* n° 28, 1984.

"C.S.T", *Ornicar?* n° 29, 1984.

"Transfert et interprétation", *Actes de l'E.C.F.* n° 6, 1984.

"Interventions de Lacan à la SPP", *Ornicar?* n° 31, 1984.

"S'truc Dure", *Pas tant* n° 8/9, 1985.

"H$_2$O", *Actes de l'E.C.F.* n° 8, 1985.

"Rélexions sur l'enveloppe formelle du symptôe", *Actes de l'E.C.F.* n° 9, 1985.

"*Ornicar?* Parier au pire", *Analytica* n° 44, 1986.

"À propos des affects dans l'expérience analytique", *Actes de l'E.C.F.* n° 10, 1986.

"Un mathème incarné : stade du miroir", *La lettre mensuelle* n° 50, 1986.

"Quelques rélexions sur le phéomèe psychomatique", *Analytica* n° 48, 1987.

"Sigma de x", *Actes de l'E.C.F.* n° 12, 1987.

"Sur la leçon des psychoses", *Actes de l'E.C.F.* n° 13, 1987.

"Microscopie", *Ornicar?* n° 47, 1988.

"Acier l'Ouvert", *Quarto* n° 37/38, 1989.

"Remarque sur la traversée du transfert", *Revue de la Cause freudienne* n° 18,

1991.

"Les deux métaphores de l'amour", *Revue de la Cause freudienne* n° 18, 1991.

"Vers un signifiant nouveau", *Revue de la Cause freudienne* n° 20, 1992.

"Psychothérapie et psychanalyse", *Revue de la Cause freudienne* n° 22, 1992.

"Clinique ironique", *Revue de la Cause freudienne* n° 23, 1993.

"Sur le Gide de Lacan", *Revue de la Cause freudienne* n° 25,1993.

"L'homologue de Malaga : remarques sur la logique de la cure", *Revue de la Cause freudienne* n° 26, 1994.

"Donc, je suis ça", *Revue de la Cause freudienne* n° 27, 1994.

"Jacques Lacan et la voix", *Quarto* n° 54, 1994.

"Le vrai, le faux et le reste", *Revue de la Cause freudienne* n° 28, 1994.

"Vous ne dîtes rien", *Revue de la Cause freudienne* n° 30, 1995.

"Le plus–de–dire", *Revue de la Cause freudienne* n° 30, 1995.

"La disparate", *Quarto* n° 57, 1995.

"Trio de Mélo", *Revue de la Cause freudienne* n° 31, 1995.

"L'interprétation à l'envers", *Revue de la Cause freudienne* n° 32, 1995.

"Réflexions sur la cité analytique", *Revue de la Cause freudienne* n° 33, 1995.

"L'interprétation à l'envers", *Revue de la Cause freudienne* n° 32, 1996.

"Retour de Grenade, savoir et satisfaction", *Revue de la Cause freudienne* n° 33, 1996.

"Des semblants dans la relation entre les sexes", *Revue de la Cause freudienne* n° 36, 1997.

"L'Autre qui n'existe pas et l'expérience de la passe", *Revue de la Cause freudienne* n° 36, 1997.

"Voltaire, petite digression", *Ornicar?* n° 49, 1998.

"Lacan avec Joyce", *Revue de la Cause freudienne* n° 38, 1998.

"Le sinthome, un mixte de symptôme et de fantasme", *Revue de la Cause freudienne* n° 39, 1998.

"L'appareil à psychanalyser", *Quarto* n° 64, 1998.

"Portraits de famille", *Revue de la Cause freudienne* n° 42, 1999.

"Politique lacanienne", *Revue de la Cause freudienne* n° 42, 1999.

"Biologie lacanienne et événement de corps", *Revue de la Cause freudienne* n° 44, 2000.

"Le réel est sans loi", *Revue de la Cause freudienne* n° 49, 2001.

"La théorie du partenaire", *Quarto* n° 77, 2002.

"La formation de l'analyste", *Revue de la Cause freudienne* n° 52, 2002.

"L'ex-sistence", *Revue de la Cause freudienne* n° 50, 2002.

"Introduction à la lecture du séminaire de l'angoisse", *Revue de la Cause freudienne* n° 59, 2005.

"Les références du Séminaire L'angoisse", *Revue de la Cause freudienne* n° 59, 2005.

"Lecture critique des Complexes familiaux de Jacques Lacan", *Revue de la Cause freudienne* n° 60, 2005.

"Pièces détachées", *Revue de la Cause freudienne* n° 60, 2005.

"Psychanalyse et société", *Quarto* n° 85, 2005.

"Religion, psychanalyse", *Quarto* n° 86, 2006.

"Illuminations profanes", *Revue de la Cause freudienne* n° 62, 2006.

"Commentaire du Séminaire inexistant", *Quarto* n° 87, 2006.

"Le Séminaire de Jacques Lacan : Pièces détachées", *Revue de la Cause freudienne* n° 63.

"Affaires de famille dans l'inconscient", *La lettre mensuelle* n° 250, 2006.

"Une lecture du Séminaire D'un Autre à l'autre", *Revue de la Cause freudienne* n° 64, 2006.

"L'inconscient réel", *Quarto* n° 88/89, 2007.

"L'enfant, une réponse du réel", *Quarto* n° 88/89, 2007.

"Une lecture du Séminaire D'un Autre à l'autre", *Revue de la Cause freudienne* n° 65, 2007.

"Un divertissement sur le privilège", *Revue de la Cause freudienne* n° 65, 2007.

"L'esp d'un lapsus", *Quarto* n° 90, 2007.

"Marie de la trinité", *Quarto* n° 90, 2007.

"Une lecture du Séminaire D'un Autre à l'autre", *Revue de la Cause freudienne* n° 66, 2007.

"La matrice du traitement de l'enfant au loup", *Revue de la Cause freudienne* n° 66, 2007.

"La passe bis", *Revue de la Cause freudienne* n° 66, 2007.

"Tribunal de Grande Instance de Paris", *Revue de la Cause freudienne* n° 66, 2007.

"Autour du sujet supposé savoir", *La lettre mensuelle* n° 260, 2007.

"Tout le monde délire", *Revue de la Cause freudienne* n° 67, 2007.

"Une lecture du séminaire D'un Autre à l'autre", *Revue de la Cause freudienne* n° 67, 2007.

"L'envers de Lacan", *Revue de la Cause freudienne* n° 67, 2007.

"Hommage à Gennie Lemoine", *Revue de la Cause freudienne* n° 67, 2007.

"De l'inconscient au réel : une interprétation", *Quarto* n° 91, 2007.

"Causerie sur les formations de l'inconscient", *Quarto* n° 92, 2008.

"La psychanalyse, la cité, les communautés", *Revue de la Cause freudienne* n° 68, 2008.

"Le rossignol de Lacan", *Revue de la Cause freudienne* n° 69, 2008.

"La logique de la cure du petit Hans", *Revue de la Cause freudienne* n° 69, 2008.

"Les prisons de la jouissance", *Revue de la Cause freudienne* n° 69, 2008.

"Semblants et sinthomes", *Revue de la Cause freudienne* n° 69, 2008.

"Rien n'est plus humain que le crime", *Mental* n° 21, 2008.

"L'invention du délire", *Revue de la Cause freudienne* n° 70, 2008.

"Conférence au Teatro Coliseo", *Revue de la Cause freudienne* n° 70, 2008.

"Effet retour sur la psychose ordinaire", *Quarto* n° 94/95, 2009.

"Introduction à l'érotique du temps", *Mental* n° 22, 2009.

"Nous sommes poussés par des hasards à droite et à gauche", *Revue de la Cause freudienne* n° 71, 2009.

"L'inconscient et le sinthome", *Revue de la Cause freudienne* n° 71, 2009.

"L'homme au loup, deuxième partie", *Revue de la Cause freudienne* n° 73, 2009.

"Quand la cure s'arrête", *Quarto* n° 96, 2009.

"Despedida", *Revue de la Cause freudienne* n° 74, 2010.

"La passe du parlêtre", *Revue de la Cause freudienne* n° 74, 2010.

역자 후기

이 책은 니콜라 플루리가 쓴 *Le réel insensé: Introduction à la pensée de Jacques-Alain Miller*(Éditions Germina, octobre 2010)를 번역한 것입니다. 제목에서 볼 수 있듯이 자크 알랭 밀레라는 인물과 그의 사상을 소개하는 책으로, 밀레의 라캉 해설서라고 할 수 있습니다. '상식을 벗어난 현실계'라는 키워드로 라캉 마지막 시기의 사상을 제시하면서 라캉의 정신분석을 조명합니다.

소책자이고 출간된 지 10여 년이 지났기는 하지만 밀레 사상을 다룬 책으로서 ― 또 다른 밀레 소개서로 에르베 카스타네Hervé Castanet가 집필한 *Comprendre Jacques-Alain Miller*(Max Milo, 2020)도 있습니다만 ― 가장 좋은 평가를 받는 책이라고 하겠습니다. 어찌 보면 밀레의 사상이라는 것이 따로 있다고 할 수 없습니다. 밀레는 자크 라캉의 공식 후계자(라캉의 학통 인정이나 사위로서의 법적 적통 측면에서)로서 라캉의 사상과 그의 정신분석에 대한 해설자로 자리하지요. 따라서 사실상 이 책이 라캉 이해를 위한 도구로 일조할 수 있겠다는 생각이 들어 번역을 하게 되었습니다.

주지하다시피 라캉이 출판한 저서는 1966년 이전에 발표된 글들을 묶은『에크리』뿐이며, 미출간 글들로 27년간 해마다 주제를 정해 이루어졌던 '세미나'가 있는데 이를 (그의 문체의 난해함과 독특한 표현 방식에 프랑스도 고개를 젓는다고 일컬어지는) 밀레의 책임하에 현재까지도 정리, 출간하고 있습니다. 우리말 번역본은 세미나 1권과 11권과 『에크리』뿐인 상황에서 우리가 라캉의 원전을 온전히 이해하기에는 분명 한계가 있습니다. 역자의 경우 해설서나 연구서를 통해서 거꾸로 원전에 다가가야 하는 상황이며, 그나마도 제대로 이해가 되었는지는 또 다른 문제입니다. 그래서 이 글에서는 역자가 라캉을 이해하려고 독서하면서 정리한 것들을 개진하여, 독자 여러분에게 라캉에 관한 포인트 하나라도 제시하는 것이 유익하지 않을까 싶습니다.

이 책은 총 4장으로 구성되어 있습니다. 서문과 제1장은 자크 알랭 밀레를 소개하고 밀레와 라캉, 정신분석의 만남을 다룹니다. 밀레가 분석가가 되어 진행한 강의와 연구 및 라캉 사후에 한 역할과 공헌(국제 분석가 조직 설립, '보통정신병' 개념 도입 등)을 언급합니다. 제2장은 분석경험, 즉 임상을 중심으로 라캉 '최후기'의 정신분석을 소개합니다. 밀레가 라캉 사후에 정신분석가가 된 점을 상기하면, 그전까지는 임상보다는 라캉의 정신분석을 이론적으로 파악하면서 '자기 존재는 없는 듯이' 의견을 배제한 채로 라캉 이해에 몰두했다고 볼 수 있습니다. 제3장 '라캉적 정치'는 분석 경험과 임상을 통해서 정신분석이 분석가와 분석 주체, 사회 안에서 현실적으로 어떤 역할을 해야 하는지를 서술합니다. 제4장 '현실계를 향하여'는 라캉이 죽기 직전에, 자기 일생을 헌신한 정신분석의 귀결점으로 제시한 '실재(주이상스)'와 '실재적인 것'을 향한 '회귀', 즉 상징(시니피앙)을 통해 실재에 접근한 점을 밝힙니다. 주체의 정신병에 대한 '회복 불능'을 가능성으로 제시했다고 밀레는 해설합니다.

각 장의 소주제는 라캉이 행한 세미나 주제로서, 책 한 권이 될 정도의 내용을 함축하고 있습니다. 그러므로 이 책은 라캉의 사유에 대한 입문적 성격이지만 거기에 담긴 내용은 다양한 측면에서 정치하게 고찰되어야 할 사유의 씨앗이 풍성하다고 할 수 있습니다.

이제 역자가 라캉을 공부하면서 느낀 생각을 단편적으로나마 서술하려 합니다. 라캉 사상에 접근하려는 분들에게 조금이라도 도움이 되기를 바랍니다.

우선 정신분석이 무엇인지를 말하기 전에 정신분석이 이루어지는 상황을 고찰해 보면 이해가 더 쉬울 듯합니다.

정신분석의 과정이란 누군가(피분석자)가 어떤 사람(분석가, 이야기를 들어 주는 사람)에게 자신의 '마음의 병' 내지 '문제'를 말(언어)로 이야기하고 토로하면서 상대방을 개입시켜 그 해결책이나 해소를 추구하는 것을 말합니다. 그런데 현실적으로 우리는 분석가를 찾아서 이야기하는 것에 익숙하지 않을뿐더러 정신분석가를 찾을 여유나 시간 등의 여건이 안 되는 경우가 많지요. 그래서 의지할 만한 사람에게 속내를 이야기하고는 합니다. 이때 우리는 주변 사람이나 여러 친구 중에서 토로할 대상을 택합니다. 가령 이성 문제를 상의하면서 어떤 친구를 선택하고(전이), 더 친한 사이인데도 어떤 친구는 기피하기도 합니다(배제). 이미 순수하지 않은 의도가 개입되지요. 말(언어)을 사용하여 자신의 문제를 늘어놓으면서(자유연상) 원하는 방향으로 나아가는데(무의식, 쾌락 원칙, 현실 원칙), 이때 들어 주는 사람이 개입하면 그 의견을 반박하거나(음성적 저항) 수용하면서 문제를 해소하려고 알게 모르게 힘을 씁니다(환상, 방어). 그리하여 어떤 결론이나 미완의 해소를 수행하고 만족합니다(분석의 종결). 물론 만족스러운 결과가 아니더라도 그 상황에서 최선의 방식을 취하게 된다(환상의 횡단)고 봅니다.

이러한 과정이 분석에서 일어나는 피분석자와 분석가의 분석 과정이라고 할 수 있습니다. 괄호 안의 개념과 다른 개념의 비교분석을 통해서 마음의 메커니즘을 정치하게 분석하고 이야기하는 것이 라캉 정신분석의 요체를 이룹니다. 대충 일반적으로 이야기하는 것이 아니라 각자 상황(특이성)에 맞게 서술하는 것이지요. 그래서 본문에서도 라캉의 사유는 일반화할 수 없다고 말하며 한 사람에게 적용된 분석 방식은 다른 사람에게는 적용할 수 없다고 합니다. 라캉은 이러한 분석에서 일어나는 메커니즘을 자신의 언어로(일반적인 용어를 사용하면 사태가 왜곡되므로) 서술하기에 난해하다는 악평을 듣는 것입니다.

라캉이 생각하는 언어는 정신분석 과정에서 일어나는 사태를 규정하는 도구일 수밖에 없는 상황에서 인간을 규정하여 우리의 사유를 지배하는 '대타자l'Autre'입니다. 대타자는 인간을 지배하고 규정하는 체계를 의미하는데, 그 최초의 것은 유아의 모든 것을 지배하는 어머니이며, 그 후에는 인간을 사실상 지배하는 언어가 대표적입니다. 즉 타자성에 지배받는 인간의 숙명을 말하는 것입니다. 정신분석에서 인간에게 의지는 없습니다. 본문에서도 언급하는 사르트르와의 차별점이지만 결국에는 하나로 만나게 됩니다. 라캉은 언어의 한계(언어로 세계나 나의 행위와 행동을 전부 표현할 수 없는 점)를 극복하기 위해서, 수학적 마템이나 위상학topologie을 이용하여 클라인 병, 뫼비우스 띠를 연결하여 생기는 구체, 욕망의 그래프 등으로 마음의 움직임에 대한 자신의 사유를 표현하려고 했습니다. 언어의 한계를 넘어서서 인간의 행위나 행동의 진정한 의미를 밝히려고 한 것이지요. 그렇게 분석에서 일어나는 사태를 표현하고자 한 것이 라캉의 말년 작업입니다. 다만 이러한 극단적인 공식화는 ─ 라캉의 시도가 실패했다고 보았기에 ─ 이 책에서 다루지 않겠다고 저자는 명시적으로 밝힙니다.

라캉은 언어의 기능과 한계로 분석 메커니즘의 사태를 감지하지 못하는 것을 간파하고는 무의식의, 의식되지 않고 의식될 수 없는, 하지만 우리가 경험한 그 세계가 우리의 행위와 행동을 지배한다고 보았습니다. 그것을 밝히는 작업이 정신분석이고, 거기에 분석의 성

공 요인이 있다고 본 것입니다. 그것이 바로 이 책에서 말하는 '현실
계'입니다. 본문의 거의 마지막 문장이 현실계에 대해서 우리가 말
할 수 있는 전부를 드러낸다고 볼 수 있습니다. "현실계는 말해질 수
도, 이해될 수도 없는 것이다. 기껏해야 손가락으로 가리킬 수 있을
뿐이다."

한편 라캉과 프로이트 이해에서 전제로 받아들이고 나중에 필요
하다면 거부해야 할 요소가 오이디푸스 콤플렉스에 관련된 개념(거
세, 동일화, 자아 이상, 이상적 자아)입니다. 그 내용의 진위와 호불호
를 떠나서, 그들이 그것을 통해서 인간의 발달 과정을 설명하는 부
분을 이해하는 것이 중요하다고 봅니다. '어머니를 욕망하고 아버
지를 죽인다'라는 신화를 통해 인간이 처한 상황을 어떻게 묘사하고
있는지 이해하는 것이 중요합니다. 그 의미를 정치하게 이해하려면
필수적으로 프로이트를 이해해야 합니다. 무의식과 억압의 메커니
즘을 알아야 하는 것이지요.

결국 라캉의 난해함은 정신분석의 메커니즘을 명확히 하면서 드
러나는 언어의 한계에서 비롯한 필연적인 작업의 결과라고 할 수 있
을 것입니다(칸트의 물자체 개념과 그것이 드러내는 현상만을 논하
는 인간의 모습에 비교하면, 물자체는 '현실계', '대타자'이고 '현상'은
'상징계'와 '증상' 같은 것으로 이해할 수 있겠습니다). 그 난해함을 극
복하려면 라캉의 원전을, 그의 독특한 해석과 설명을 접해야 한다고
생각합니다.

역자의 한계를 보완하고자 『에로스와 죽음: 실재의 정신시학』(박
찬부, 서울대학교출판문화원, 2013)을 읽어 보기를 권합니다. 라캉
임상에 정통한 분석가인 박찬부 선생의 글이 적잖은 힌트가 될 것입
니다. 프로이트에서 출발하여 이론적으로 무장하고 임상적·실천적
안목과 생생한 체험을 바탕으로 라캉의 문제를 풀어서 천착한 책이
기 때문입니다. 한편 분석경험에 근거한 방대한 에세이들이 박찬부

선생의 블로그에 실려 있습니다. 관심 있는 독자분은 일독해 보시길 바랍니다.

덧붙여, 역자의 부족한 능력을 보완하고 프랑스어 뉘앙스를 살리려는 의도로 원어를 많이 부기할 수밖에 없었음을 밝힙니다. 또한 저자가 라캉의 원전을 인용할 때 구체적인 인용처를 제시하지 않거나 밀레의 논문만 언급하였는데, 역자의 능력 한도 내에서 라캉 원전을 역주로 달았습니다.

끝으로 여러 악조건 아래서도 인문학 책을 꾸준히 펴내는 에디투스 연주희 대표님과 이 책의 첫 독자인 심재경 선생님께 진심으로 감사드립니다.